国家治理研究

第一辑

主管单位

中华人民共和国教育部

主办单位

华中科技大学国家治理研究院

主　编

欧阳康

执行主编

杜志章

RESEARCH ON STATE GOVERNANCE

VOLUME ONE

中国社会科学出版社

图书在版编目（CIP）数据

国家治理研究. 第一辑／欧阳康主编 . —北京：中国社会科学出版社，2016. 11
ISBN 978-7-5161-8324-3

Ⅰ. ①国… Ⅱ. ①欧… Ⅲ. ①国家—行政管理—研究—中国 Ⅳ. ①D630.1

中国版本图书馆 CIP 数据核字（2016）第 262919 号

出 版 人	赵剑英
责任编辑	喻　苗
责任校对	胡新芳
责任印制	王　超

出　　　版	中国社会科学出版社
社　　　址	北京鼓楼西大街甲 158 号
邮　　　编	100720
网　　　址	http://www.csspw.cn
发 行 部	010-84083685
门 市 部	010-84029450
经　　　销	新华书店及其他书店

印刷装订	三河市君旺印务有限公司
版　　　次	2016 年 11 月第 1 版
印　　　次	2016 年 11 月第 1 次印刷

开　　　本	787×1092　1/16
印　　　张	12.25
插　　　页	2
字　　　数	194 千字
定　　　价	48.00 元

凡购买中国社会科学出版社图书，如有质量问题请与本社营销中心联系调换
电话：010-84083683

刊物说明

　　《国家治理研究》（辑刊）是由中华人民共和国教育部主管，华中科技大学国家治理研究院主办的以"国家治理"为研究对象的学术刊物，并由华中科技大学国家治理研究院院长、著名哲学家欧阳康教授担任本刊物主编。

　　华中科技大学国家治理研究院是为了响应党的十八届三中全会提出"推进国家治理体系和治理能力现代化"的号召而成立的中国特色高校新型智库。研究院设置了国家治理理论与比较研究中心、国家治理体系与政策研究中心、国家治理调控与评估体系研究中心、治理信息采集与大数据处理中心、政府决策支持系统研究中心、湖北区域治理与中国中部发展战略研究中心等研究机构。国家治理研究院将积极争取中央和地方党政的支持，与国际国内相关研究机构密切合作，在国家治理的重大理论和实践问题上开展协同攻关。国家治理研究院自 2014 年 2 月成立以来，先后承担了教育部 2014 年度哲学社会科学研究重大课题攻关项目"推进国家治理体系和治理能力现代化若干重大理论问题研究"、中共湖北省委 2014 年度重大委托课题"推进省级治理体系和治理能力现代化研究"、2015 年度国家社科基金项目"中国特色社会主义语境下国家治理评估指标体系研究"和"国家治理哲学研究"等研究课题；出版了《国家治理的"道"与"术"》、《省级治理现代化》等多部著作；每年举办一次"国家治理体系和治理能力建设国内高峰论坛"和"全球治理东湖论坛"国际学术会议；2014 年 11 月，被湖北省教育厅评为湖北省高等学校人文社会科学重点研究基地；2016 年 3 月，正式被评为国家治理湖北省协同创新中心。

　　《国家治理研究》是华中科技大学国家治理研究院编辑出版的"国家治理"领域的专业学术刊物，每年出版 1—2 期，以每年的"国家治理体系和治理能力建设高峰论坛"的会议论文为基础，同时收纳一些国内外学者和政府官员关于国家治理理论研究和实践探索的高水平论文，是广大致力于国家治理理论研究的学者和致力于国家治理实践的各级各类工作人员的重要参考读物。

Publication Description .

Research on State Governance, as research series choosing the notion of "State Governance" as subject, is directed by China's Ministry of Education and edited by Institute of State Governance (ISG) at Huazhong University of Science and Technology (HUST). The chief editor of the research series, Ouyang Kang, as a prestigious philosopher, is the Dean of ISG.

ISG is built as a newuniversity think tank with Chinese characteristics, in response to the proposal of "promoting the modernization of national governance systems and governance capacity," by the third plenary session of the 18th Chinese Communist Party representatives. The institute consists of the state governance theory and comparative research center, the national system of governance and policy research center, the regulation and evaluation system of governance research center, the management information acquisition and big data processing center, the government decision support system research center, regional governance of Hubei and development strategy of central China research center, etc. The Institute actively seeks support from central and local governments, and the collaboration with domestic and abroad institutes, collaboratively tackle major issues in state governance, both theoretical and practical. Since its establishment in February, 2014, the institute has undertook several projects, e. g., "Theoretical Study on the Promotion of Governance Capability and Modernization of State Governance", a Major Philosophy and Social Science Fund Project from the Ministry of Education in 2014; "Research on the Modernization of Provincial Governance and Promotion of Governance Capability", delegated by the Hubei Provincial Government; and two projects sponsored by the National Social Science Fund in 2015, "the Study of Assessment Indicators System for State Governance in the context of Chinese Socialism", and "Philosophy of State Governance". ISG has published influencing books such as *the Essence and Tactics of State Governance*, *the Modernization of Provincial Governance*, etc. ISG runs two annual conferences: the National Summit for the construction of state governance system and capability, the International Symposium (a. k. a., East Lake Forum) on Global Governance. ISG was recognized by the Hubei Provincial Ministry of Education as a key study base of humanities and social sciences in November 2014. In March 2016, the Institute was officially assessed as a key collaborative innovation center for state governance in Hubei province.

The Research Series on State Governance is compiled by ISG as professional academic Journal, published once or twice a year, based on the papers from two annual conferences; important papers from other sources on State Governance are also incorporated. The Objectives of the Research Series is to provide reference for scholars who committed themselves to the theoretical study and officials who are in the practice of the state governance.

目　录

治理评论

理论研讨

论坛荟萃

Content

Governance Review

Theoretical Discussion

Summary

治理评论

省级治理的定位与使命

——在国家治理与基层治理之间

欧阳康[*]

　　开展省级治理研究是当前国家治理研究的重要领域和必要层次。迄今为止，国内关于治理问题的研究，大都从全球治理、国家治理入手，然后直接进入到社会治理、企业治理、城市治理、乡村治理等，很少有人专题研究省域治理。相应地，在省级治理研究方面有影响的成果也非常少，这给该领域的研究增加了难度，也带来了困惑。而在中国的实践中，省级治理是国家治理中由中央到地方下移的非常重要的层次，也是地方治理的高端层面。没有正确和有力的省级治理，国家治理就无法落实，地方治理也会失去统摄，其他各方面的治理都将无法实际和有效地展开。从这个意义上来说，推进省级治理现代化对于推进国家治理体系和治理能力现代化具有极为重要的意义，也正是由此，开展省级治理研究对于当代中国治理问题研究具有极为重要的理论和实践意义。本文探讨省级治理研究中的若干前提性问题，向识者讨教。

一　关于省级治理的定位

　　国家治理有狭义和广义之分，各自有不同的内涵与覆盖面。广义上的国家治理指整个国家空间和权力范围内的所有层次和方面的治理，包含社会治理、企业治理、城市治理、乡村治理等；狭义上的国家治理指国家层

---

　　*　欧阳康，华中科技大学国家治理研究院院长。

面的治理，甚或就是中央治理，指以国家为单位的顶层设计和宏观治理问题。无论是从广义还是从狭义上来说，只要涉及国家治理的层级问题，省级治理的地位就鲜明地凸显出来了。尤其是在中国的治理体系中，以中央为主体的国家治理要落实和延伸到30多个省市自治区的行政区划，而全国无论是经济、政治、社会、文化与生态都要通过省市自治区的行政区划与自然地理空间来加以组织、协调、统计和实施。在中国，中央的国家治理在很大程度上是通过省域治理和省级治理来实现的。这里的省域概念也许更多地侧重于由行政区划而确定的自然地理和空间地域，而省级概念则也许更多地强调省级党政领导和权力级别问题，又区别于省级以下的地市县乡各级政府。在本文的使用中，省级治理是以省级党政领导为主体的省域治理体系的总和，它作为中央政府在地方的最高派出机构，既要忠实有效地贯彻落实中央的国家治理意图、理念、法律、政策；又由于创造性地组织省域行政区划内的所有事务，承担着极为重要的国家治理责任，所以是中国国家治理体系的极为重要的内在有机组成部分。在不同的国家，中央与地方的关系有所不同。与西方地方治理相比，中国的省级治理处于国家治理与基层治理之间，具有鲜明的中国特色，发挥着极为重要的作用。

二　当前中国省级治理的分类

省级治理的分类可以从不同角度来考察，最直接的是与各国省市的行政区划相关。与中国地方行政区划和权力授予相关，当前中国的省级治理具有多种复杂类型：第一类是直辖市与相关的直辖市治理。当前中国的北京、上海、天津和重庆四个直辖市直属中央，与中央联系更加密切，与其他省市自治区相比，直接享受更多的国家权力赋予和政策支持，承担更多的国家责任，普遍发展较快较好。第二类是少数民族区域自治区与相关的民族区域自治。我国是一个多民族国家，历来重视和支持少数民族保存和发展少数民族文化，自新中国成立以来即在部分少数民族较多的地区实行民族区域自治，先后成立了广西壮族自治区、宁夏回族自治区、新疆维吾尔自治区、西藏自治区、内蒙古自治区等，他们在干部配置和民族行政赋权上享有特殊权力，承担着民族管理和民族文化建设的更多责任。第三类是其他的省份，有相似的行政建制和权力配置，这些省份分布在祖国的四面八方，各有自己的自然资源、经济社会状况和历史文化特点，需要分别

研究，因地治理。第四类是特别行政区和特区治理。目前中国的香港特别
行政区和澳门特别行政区，在《基本法》的统摄下实行的是港人治港，澳
人治澳，高度自治。第五类是中国的宝岛台湾，处于更加复杂的政治关系
之中。以上不同类型的省域治理之间既存在很多共同之处，也存在较大差
异，需要分门别类地加以研究。

三　省级治理的特殊使命

省级治理既是中央治理的继续和延伸，又应当是其在特殊地域和环境
条件下的创造性展开，承担着多位一体的复杂使命。

第一，严格贯彻落实中央对国家治理的宏观战略和总体布局。省级治
理作为中央治理的必然延伸和国家治理的权力传递，必须在思想上、政治
上、组织上、行动上与中央治理和国家治理保持高度一致，自觉地成为其
内在的组成部分。省级党政组织在这方面必须保持高度的政治敏感性和组
织服从性。而国家治理也必须最充分地调动所有省域治理的主动性和积极
性，方能得到最佳落实和最全面实现。

第二，最大限度地创造性地运用中央和人民的赋权，做好省级治理。
各级各类省级治理不应是中央治理的简单逻辑延伸和被动权力传递，而应
是其在特殊地域和环境条件下的创造性实践和开拓性建设，应在国家法律
和中央党政授权许可的最大范围内和最大程度上创造性地运用好中央和人
民的赋权，做好省级治理。这里有很多工作可以做：首先，要认真研究省
级权力体系与中央权力体系的合理对口与有机衔接问题，保证从中央到地
方的指示与政令畅通，从地方到中央的需求与信息通畅。其次，要研究省
级治理体系的科学性和合理化问题。例如，省级党委政府、人大、政协的
权力分布和融合如何进一步科学合理化，以达最佳效能？省级各类职能管
理部门如何科学设置、相互协调、合理运行，以达到功能最佳？政府、市
场、社会等多元治理主体之间如何实现良性健康互补互动？如何从政府治
理到民众自治？再次，要研究从省级治理到地市治理、县域治理、乡镇治
理直到村社治理之间的内在贯通性和相对独立性，各级治理的党政合理赋
权与创造性实现机制。复次，要研究省域范围内经济、政治、社会、文
化、生态和党建等各方面治理的内在协调，等等。最后，要研究省域治理
及其绩效的评估体系，使不同省市自治区的治理体系和能力优劣通过客观

科学合理的指标体系直观地反映出来，并为其改进提供可供把握的对策建议。

第三，最充分地运用省级人大的立法权，为省级治理提供最充分的法律保障。依法治国必须落实到依法治省治市治区。良法是善治的前提。各省市自治区均享有一定的立法权，应当在国家宪法和总体法律体系允许的范围内，制定最贴近地方实际和人民需求的地方法律法规，为省级治理提供最科学完备、最切实有效的法律法规体系。所谓良法，从根本上来说，不是一个笼统看来合法和正确的东西，而是要更加科学具体和可行的。根据依法治国的要求，目前有两个对官员与民众来说似乎背反的要求：一是对于官员来说，法无授权不可为，法律授权必须为。那么，法律法规给官员们授了什么权？哪些事必须为？哪些事不能为？这直接涉及法律清单清晰不清晰？负面清单到底有多大？二是对于老百姓来说，法不禁止即可为。那么法律禁止什么，不禁止什么，禁止得是否全面、准确、科学？百姓是否知道？途径是否有效？如果这方面的法律法规不完善，要么是不可能的万能政府，要么是不可靠的无能政府；要么是无所事事的不作为官员，要么是胡作非为的盲动官员；要么是压抑无助的社会民众，要么是为所欲为的刁民。中央领导多次指出，自中央八项规定出台以来，官员们不见面、不吃饭、不送礼，但是也不干活了。官员不作为已经成为阻碍中国未来社会经济发展的重大障碍。这里涉及的重要前提性问题就是法律法规政策是否清晰明确和科学合理，这对于法律法规本身也是极大挑战。

由此可以看到，推进省级治理体系和治理能力现代化在当代中国具有极为重要的意义。优秀的省级治理不仅可以造福一方民众，也可以为国家宏观治理提供先行先试的宝贵借鉴和先进个案，塑造优秀政治家，丰富国家治理体系，提升国家治理能力，甚至引领国家治理和改革发展方向。

"四个全面"战略布局：基于文本解读的初步认识

张　力[*]

　　"四个全面"战略布局，须从邓小平同志提出的"社会主义现代化'三步走'"总体战略说起。因为，世纪之交、2020年建党百年、2050年建国百年，三步三个关键时间点，就像一把火炬，几代中央领导集体接续高举，带领全党全国各族人民共同奋进。正如习近平总书记所言，一张蓝图绘到底，一届接着一届干。现在，我们离第二步目标越来越近。为了走好第二步，为第三步打下坚实基础，党的十六大到十八大都对2020年"全面建成小康社会"目标任务作出重大部署，党的十八大报告不仅提出了社会主义建设"五位一体"总布局，而且强调"深化重要领域改革"，为当前打好改革攻坚战指明了方向，同时也为"全面推进依法治国"做了重要铺垫。

　　党的十八大以来，以习近平同志为总书记的党中央提出一系列重要战略思想，最重要的就是"四个全面"战略布局。习总书记深刻阐释了战略布局的含义，"党的十八大以来，党中央从坚持和发展中国特色社会主义全局出发，提出并形成了全面建成小康社会、全面深化改革、全面依法治国、全面从严治党的战略布局。这个战略布局，既有战略目标，也有战略举措，每一个'全面'都具有重大战略意义。全面建成小康社会是我们的战略目标，全面深化改革、全面依法治国、全面从严治党是三大战略举措"。

　　确定这样的战略布局，完全是以全党、全社会把贯彻党的十八大精神

　　*　张力，就职于教育部教育发展研究中心。

作为首要政治任务，因此，围绕全面建成小康社会战略目标，三大战略举措逐步明晰。2013 年党的十八届三中全会就先对全面深化改革做出部署。每一届三中全会都是一个窗口，以观察新一届中央领导集体的施政方针和工作重点。以往三中全会，有讨论经济体制改革的，有讨论三农问题的，总体上偏向于经济建设。而此届三中全会则把十八大关于全面深化改革的要求细化，全会文件从社会主义"五位一体"建设总体布局出发，在三大板块 16 个部分中，前面一部分是总论，最后一部分是组织保障，中间的 14 个部分是分论。其中，经济体制改革 6 部分；政治体制改革 3 部分；社会体制改革 2 部分；文化体制、生态文明制度、国防和军队等改革各有一部分。

以这种布局来部署全面深化改革，总目标就是推进国家治理体系和治理能力现代化。关于这一目标，习总书记曾经做过详细阐述。首先，强调2020 年全面建成小康社会，要按邓小平同志的要求，使各方面制度更加成熟、更加定型。十八届三中全会文件部署的不是某些领域和方面的改革，而是全方位的改革创新，是从国家治理体系与治理能力现代化角度出发的。其次，分别阐释了国家治理体系和国家治理能力的内涵，从中央决策层面来理解对国家治理体系和治理能力的期望和期许。再次，在谈到如何治理好社会主义社会时，提到苏联的经验教训，提到中国共产党的不懈探索和种种挫折，为今后相当长一段时间沿着国家治理体系和治理能力现代化方向前进提出了重要要求。

实现全面小康社会，关键要靠好的制度和健全的法制。我们党科学执政、民主执政、依法执政，依法执政具有根本性。为此，2014 年党的十八届四中全会文件部署全面推进依法治国，第一板块为总论，首先确认推进国家治理体系和治理能力现代化的目标，与十八届三中全会完全一致，标志着推进国家治理体系和治理能力现代化进入党和国家全局性的战略视野；第二板块，按照科学立法、严格执法、公正司法、全民守法这个法治工作基本格局来进行新的部署；第三板块，对队伍建设、党的领导做出相应部署。

两次全会文件的新部署、新要求充分表明，"全面依法治国"与"全面深化改革"紧密结合、相辅相成。从某种程度上说，改革与法治是两种力量在发生作用，一种是破，一种是立；一种是披荆斩棘，一种是铺路架桥；一种是攻坚克难，一种是建章立制。这两种力量对于推进国家治理体系和治理能力现代化都是非常有效的。全面建成小康社会，必然是法治社会，而现在之所以与法治社会还有许多差距，根本原因在于很多体制机制障碍没有克服，所以必须全面深化改革。

如何正确理解改革和法治的关系？如果改革做不到于法有据，那么改革可能只是局部试验。根据十八届四中全会精神，重大改革要做到于法有据，确实不易，因为立法存在一定滞后性，今后就要努力把实践证明行之有效的改革举措及时上升为法律、固化为法律。对条件不成熟的、需要先试先行的，要按照法定程序做出授权；对于不适应改革要求的法律法规，也要及时修改或废止。近年来，党和国家许多重大决策都在中央全面深化改革领导小组会议上审议，既包括宏观体制改革事项，也涉及法治建设重大事项，体现了加强和改善党对全面深化改革、全面依法治国领导的基本要求。

多年来，改革先试先行的一些地方和部门，有一种天然驱动力，就是希望能在自己这里形成一个政策洼地，就是能别人所不能、做别人暂时做不到的事情，类似于保税区。当然，对一些不太有把握的改革，允许一些政策洼地存在是有其合理性的，但要善用政策洼地，使改革举措可以被复制、被推广，这样才有意义。特别是在"互联网+"的新形势下，社会各界对法治政府和服务型政府充满期望、要求更高，希望把公权力放到制度笼子里加以约束，希望从原来无限责任的政府、有时行为不太可预见的政府，变成依法行政循规蹈矩的政府、按照权力清单和负面清单作为的政府，这是一个既充满挑战又存在很多机遇的局面。虽然，现在网上扑面而来的多是批评性并非建设性信息，但只把它看成消极力量是不太完全的，如果能够善用新形势下的公共舆论，不断完善有关公共事务决策的科学化、民主化进程，那么不论是改革还是法治，都将取得新的进展。

习总书记曾明确指出，"四个全面"战略布局，"是从我国发展现实需要中得出来的，是从人民群众的热切期待中得出来的，是为推动解决我们面临的突出矛盾和问题提出来的"。其中的第四个全面，全面从严治党，首先，就是党领导人民制定和实施宪法法律，党要自觉坚持依法执政，自觉维护宪法法律权威和尊严，自觉在宪法法律范围内活动，任何组织和个人都不得有超越宪法法律的特权。从严治党的严，说到底，还体现在党规党纪上，党规党纪严于国家法律，党的各级组织和广大党员干部不仅要模范遵守国家法律，而且要按照党规党纪以更高标准严格要求自己。总之，"四个全面"战略布局，必将是长远的战略布局，相信即使在全面建成小康社会目标如期实现之后，改革、法治、治党这三大战略举措仍会一以贯之地推行下去。

社会体制改革：现代社会治理的基础

杨宜勇　顾　严　李　璐　魏国学

用系统工程的观点来看，人类社会首先是一个大系统，社会体制与经济体制、政治体制、文化体制和生态文明体制相互并列、相互作用，同等重要。其次，社会治理有一个相对独立的子系统，需要结构完整、运行良好。党的十八大报告指出："加强社会建设，必须加快推进社会体制改革。"我完全赞同这个表述，而且进一步认为"创新社会治理，也必须加快推进社会体制改革"。（胡锦涛，2012）

一　政府和市场、社会的关系

（一）什么是政府和市场、社会

政府是指行使国家权力的全部机构，包括立法、行政、司法在内的国家机关。虽然政府在保障市场和社会正常运转方面有着举足轻重的作用，但处于权力垄断地位的政府存在许多治理失灵。市场是一种经济体系和经济制度，在资源配置中起主导作用和基础作用的经济基础，在这种体系下产品和服务的生产及销售完全由市场的自由价格机制所引导。狭义的社会是指由自由的公民和社会组织机构自愿组成，是除政府、市场之外增进社会公共利益的另一主体，其核心组成部分是旨在维护和促进自身利益或价值的以自发秩序形成的民间社会组织，包括公民的志愿性团体、利益集团、各种协会组织以及非政府组织等。（洛克，1690）

（二）政府和市场、社会的关系

政府、市场和社会可视为三种制度安排，它们有其各自独特的行动资源及行动逻辑，三者同时又具有内在的关系。政府拥有对权力资源进行配置的强制力，市场凭借市场机制配置和组合经济资源，社会以公民的自组织通过自我治理满足公共需求。

政府和市场的关系：在市场与政府这一对矛盾体中，各有其发展规律，二者都是实现目标的两种手段，市场经济的运行离不开政府的宏观调控，而政府的存在与转变在某种程度上是受市场经济影响的。在市场经济下，政府与市场之间没有固定的形式，二者相互促进，也相互冲突。（陈富良，2001）

市场和社会的关系：看起来社会与市场机制的宗旨不同，它们的行动逻辑有着根本差别，因而是一对矛盾的存在。然而，面对社会公共问题，市场机制与社会却可以共同行动与相互促进，协同共治，共同发挥它们在公共事务治理中的主体作用。

政府和社会的关系：整体看来，政府和社会存在相互补充、相互依赖的关系。社会在公共事务和公共政策方面能有效弥补政府失灵。许多社会公共事务不宜由政府插手，政府可以通过采取各种有力措施增强社会组织的力量，调动其参与公共事务管理的积极性和主动性。

（三）社会体制改革

社会体制是一个区别于国家（政府）、市场的概念，包含了政府社会职能、社会政策、社会治理、社会保障、社会福利、社会服务、非政府组织、非营利组织以及国家与社会关系等基本要素。社会体制是社会治理的方式和制度安排，包括社会运行体制、社会组织体制、社会保障体制、社区构成体制、社会管理体制等，社会体制影响着人们的社会关系、行为准则和社会运行。具体而言，社会体制改革包含社会管理体制改革、基本公共服务体制改革、社会组织机制改革和社会保障体制改革。

改革是一个整体。如果没有社会体制改革，或者社会体制改革滞后于经济社会发展形势，经济体制、政治体制和文化体制改革将很难推进。深化改革是为了进一步提升经济社会的全面发展水平，公平竞争的市场环境对经济发展至关重要，社会活力来自利益格局合理和生活环境公正，政治活力产生于权利平等和民主决策机制完善，文化活力来自于以上三个方面的相互作用形成的社会行为模式。社会体制改革能激发社会活力，保障公平的竞争环境，提升社会信任度和民主程度，进而推动经济体制、政治体制和文化体制改革。

二　社会体制改革的目标和主要任务

社会体制是指国家为了维护社会秩序、促进社会发展而对社会服务和管理做出的一种制度安排，是组织社会生活、建构公平正义社会的基本制度。社会体制改革是中国特色社会主义事业总体布局中社会建设的重要组成部分，是一项影响深远的社会变革。

（一）社会体制改革的目标方向

1. 社会体制的多层次结构

中国特色社会主义社会体制理论上可以划分为三个层面和一个保障体系。微观层面上，社会人和家庭是社会体制的基础；中观层面上，社会事业和社会组织体系是社会体制的纽带；宏观层面上，社会管理和公共服务是社会领域的宏观调控；社会领域的法律和秩序体系是社会体制的重要保障。三个层面和一个保障体系相互联系、相互作用，共同构成有机统一体。

2. 社会体制改革的总体目标

到 2030 年，与中国特色社会主义发展要求相适应，与社会主义经济体制、政治体制、文化体制相一致的社会体制全面形成。有中国特色社会主义社会管理体系已经建立，基本公共服务均等化全面实现，更加公平可及，社会管理体制机制健全完善，社会组织有序发展，公民意识显著增强，有中国特色社会主义人民社会基本建立，社会公平正义和共融共生全面实现。

3. 目标模式

（1）党委领导、政府负责、社会协同、公众参与、法治保障的社会管理体制。党委领导是我国社会主义现代化建设中必须始终坚持的根本原则，这是有中国特色社会主义社会的政治优势，主要体现在四个方面：一是对社会管理领域的重大问题进行理论研究和战略思考，制定出与经济社会发展阶段相适应的、符合社会发展规律的大政方针；二是将反映群众利益的党的意志和主张上升为国家法律法规，对政府的社会管理职能进行规范和监督；三是及时研究社会管理中的新情况与新问题，建立科学化、规范化和制度化的体制机制；四是发挥党的组织协调能力和凝聚力，号召共产党员发挥先锋模范作用。政府负责是国家履行社会管理职能的必然要求，是实现社会公平和社会稳定的基本保障，主要体现在三个方面：一是及时对市场机制进行补缺；二是推进社会管理信息化，及时发布公共信息；三是推进政事分开，支持社会组织参与社会管理和公共服务。社会协同是要充分发挥各类社会组织的职能作用。公众参与主要体现在三个方面：一是大力培养公民的参与意识，激发公民自发参与到社会管理中来；二是不断拓宽公民参与的渠道，增强政府社会管理决策的透明度和公正性；三是严格规范公民的参与行为，充分发挥法律法规和道德机制的规范约束作用。法治保障是切实做到有法可依、有法必依、执法必严、违法必究。（杨宜勇，2011）

（2）政府主导、覆盖城乡、可持续的基本公共服务体系。基本公共服务体系建设包括，促进城乡、区域基本公共服务均等化，加强城乡基本公共服务规划一体化，推进城乡基本公共服务制度衔接，加大农村基本公共服务支持力度，加快建立农民工等流动人口基本公共服务制度，建立健全区域基本公共服务均等化协调机制。创新供给模式，建立多元供给机制，鼓励社会力量参与。基本公共服务均等化分层次、分步骤、分阶段推进，首先是财政投入和硬件设施的标准化，其次是基本公共服务制度的统一化，最后是基本公共服务质量或效果的均等化。

（3）政社分开、权责明确、依法自治的现代社会组织体制。政社分开基础上政府与社会组织的分工与合作，是现代社会体制的核心。政社分开是指政府部门与官办或非官办的非营利社会服务机构之间的职责分工，解决好政府部门与非政府社会组织之间的功能重叠。社会服务和社会管理的主体多元化，以及政府与社会组织的分工合作和公共治理，是社会发展的客观趋势。

（4）源头治理、动态管理、应急处置相结合的社会管理机制。社会管理机制包括科学有效的利益协调机制、诉求表达机制、矛盾调处机制和权益保障机制，切实维护群众合法权益。一是增强群众权益知情权，立法机关和各级政府有责任、有义务向社会公众提供各类权益信息，让更广泛的社会公众知晓个人所应享有的各项权益。二是拓宽社情民意表达渠道，各级行政机关要通过公共决策的社会公示制度、公众听证制度和专家咨询制度，提高公众参与程度。三是畅通民意收集渠道，充分发挥信访制度的独特作用，充分发挥大众传媒尤其是互联网的社会利益表达功能，积极主动回应社会诉求。四是完善社会矛盾调解机制，包括事前风险排查预警、事中及时疏导转化和事后调解处置，将人民调解、行政调解和司法调解结合起来，重点解决好劳动争议、征地拆迁、环境污染、食品药品安全、企业重组和破产等引发的社会矛盾。

（二）社会体制改革的总体思路和关键环节

1. 总体思路

（1）坚持以人为本的制度构建理念。深化社会体制改革的出发点和落脚点应当是保障和增进每一位社会成员的生存权和发展权等社会权利，为每个人的自由全面发展创造条件、提供机会、消除障碍。坚持"以人为本"理念的重点应当放在改善弱势人群、困难群体和边缘人群的基本生活，维护他们的基本权利，激发他们的权能感，减少和消除社会歧视和社会排斥，使人人都能体面地、有尊严地生活。

（2）全面推进与重点突破相结合。社会体制致力于促进社会公平正义与社会和谐，社会体制改革必须全面推进。社会体制改革是一项全新改革，既无现成的经验可循，又无固定的模式照搬。社会发展只有通过不断改善薄弱环节，才能实现在行业、城乡和地区之间的全面发展，保障不同地区、不同阶层、不同民族的人民群众普遍享有基本公共服务，保障人民群众的合法权益和公共安全。

（3）将基层作为重点领域和难点领域。作为政府联系群众的桥头堡，基层成为社会体制改革的重点和难点。近年来，政府投入的行政资源、各类社会和市场资源都在进入社区，但由于各自为政和条块分割，这些资源在社区未能有效形成合力，社区整体功能未能得到有效发挥。许多突出矛盾和群体性事件的苗头和倾向首先出现在基层，由于缺乏有效的信息收集渠道和预警机制，基层维稳力量不足，难以从源头上发现、预防和消除矛盾。基层社会管理体制改革不仅非常必要，而且十分紧迫，关系到和谐社区建设和基层社会建设的成败。

（4）充分体现善治思想。善治以公民社会为基础，要求国家与社会、政府与公民之间形成良好的合作关系，公民拥有足够的政治权利参与选举、决策、管理和监督，以形成公共权威和公共秩序。法治和德治是实现善治的两种基本治理方式，法治强调法律法规的硬约束，德治强调道德力量的软约束，二者不可替代，有法治无德治、有德治无法治的社会都是不可想象的。国家层面上需要强调法治，充分体现以法治国的执政思想。但在社会建设领域，法治和德治必须同时并存，法治约束不到的领域和地方都需要德治发挥作用。社会体制改革就是要将社会建设的法治和德治结合起来，以法治规范德治，以德治完善法治，逐步形成更高水平的善治格局。

（5）重视体制内实施载体。我国的社会组织出现较大分化，以工会、共青团、妇联为代表的群众组织和一些行业协会具有较强的行政色彩，掌握着大量的行政资源，被形容为"二政府"，真正能够代表民间力量的社会组织还很薄弱。针对这一现状，不能简单否认工青妇等体制内主体在做群众工作方面的独特作用，而应该促其转变职能，充分发挥其特点和优势，向真正的群众组织回归，支持其积极参与社会建设。

2. 关键环节

（1）处理好社会管理和公共服务的关系。社会管理与公共服务休戚相关，二者相互促进、相得益彰。公共服务的制度体系越健全、服务水平越高，社会公众的生活质量就越高、社会认同感就越强，社会就更加公平、公正与和谐，社会矛盾与社会冲突自然减少，社会管理面临的挑战就越小、任务就越轻。反之，社会管理能够集中反映公共服务的短板和问题，帮助公共服务发现并解决重点问题，以提高公共服务的瞄准度。（景天魁，2011）

（2）处理好提高政府社会管理能力和增强社会自我管理能力的关系。现代社会建设既是政府向社会提供公共服务并依法对有关社会事务进行规范和调节的过程，也是社会自我服务并且依据法律和道德进行自我规范和调节的过程，二者相辅相成。社会体制改革要求处理好政府社会管理和社会自我管理的关系，主要体现在三个层面：一是要分清政府社会管理和社会自我管理的责任边界，哪些属于政府社会管理的范畴，哪些属于社会自我管理的范畴，必须界定清楚，不能混淆；二是政府社会管理和社会自我管理要相互协调，不能过于独立甚至割裂；三是提高政府社会管理能力和增强社会自我管理能力要尽量保持同步，既不能厚此薄彼，也不能顾此失彼。

（3）处理好自上而下推行和自下而上创新的关系。中央层面需要制定并出台社会体制的相关法律法规和政策规范，让地方各级政府有据可依、有路可循。同时，社会矛盾和社会问题错综复杂，而且在一定程度上具有较强的基层色彩和阶段性特征，由于各地的背景环境不一样，全国各地须自发进行社会体制改革的积极探索，并且形成较好的做法和经验。社会体制改革离不开自上而下推行和自下而上创新，全国层面上强力推行需要地方创新的支撑，地方创新也迫切需要得到全国范围的认可和推行。

（三）社会体制改革的主要任务

1. 基本公共服务体制

（1）加大公共服务政府投入力度。建立健全与公共服务发展相适应的公共财政体制，大幅度增加公共服务投资，加快推进覆盖城乡居民的基本公共服务体系建设。建立财政对公共服务投入的正常增长和经费保障机制，增长幅度不低于财政支出增长幅度，稳步提高公共服务财政支出比例。财政新增公共服务投入主要用于农村、基层、中西部地区和社会弱势群体，促进城乡、区域公共服务协调发展。

（2）建立健全鼓励社会力量参与公共服务发展的良好机制。公平开放市场准入，凡法律法规未禁止的公共服务领域，均允许私人营利和非营利组织参与。出台财政补贴、贷款贴息、税收优惠等措施，鼓励社会力量举办营利和非营利公共服务。

（3）统筹优化公共服务资源配置。进一步加强公共服务总体规划和重大专项规划的编制实施工作，发挥规划的引导和龙头带动作用。进一步研究明确社会发展战略、主要任务和战略措施，促进城乡、区域间公共服务均衡布局和协调发展。按照各地实际和公共服务发展规律，因地制宜、分类指导、量力而行和尽力而为地配置公共服务资源。

（4）深化公共服务管理体制改革。按照公共服务的受益范围，明确各级政府在公共服务发展中的职责和事权划分，并确保事权与财力相对等，建立健全以地方政府为主导、统一与分级管理相结合的多层次的公共服务管理体制。完善政府绩效考核办法，将公共服务发展指标、基本公共服务可及性、公平性指标纳入政府绩效考核指标体系。

（5）加快公共服务单位改革。按照政事分开、政府与市场中介组织分开、经营性与非经营性分开的原则，科学划分公共服务单位类型，并实行不同的支持政策和管理运营模式。深化公共服务单位内部改革，探索建立新型的公共服务单位法人治理结构。

（6）增强公共服务发展宏观管理。深化社会发展规律的认识和研究，把社会发展纳入国家宏观调控体系，与经济发展宏观调控统筹协调进行。创新社会发展宏观管理手段，综合运用经济手段、法律手段和行政手段实现公共服务宏观管理目标。研究建立综合性的社会发展动态监测指标体系，主要包括公共服务指标、社会管理指标、民生预警指标和均衡和谐指标，推进形成从规划目标设计—运行监测和预警分析—发展水平评价的社会发展宏观调控完整体系。

2. 新型社区管理体制

（1）社区管理体制改革需要通盘考虑和整体设计。社区管理体制改革牵涉到从中央到地方的职能调整和体制机制改革，如党建、组织人事、财税体制等，这不是一社区、一街道、一区所能掌控的，需要在更高层次乃至全国层面有所作为，这是社区管理体制改革能够顺利推进的关键。

（2）社区管理体制改革需要多样化模式。社区管理体制改革既要在改革理念、法律法规、制度规范等方面做到一致性，同时在体制机制设计上要考虑多样性需求，如经济发达地区与经济欠发达地区的差异、老旧小区与新兴小区的差异、民族社区的特殊性和居民需求的差异等，不可能做到一刀切和模式统一。

（3）社区管理体制改革需要转变基层政府职能。街道和社区应逐步减少乃至不承担经济职能，以便于将全部资源和精力投入到社会管理和公共服务中去，同时也需要有制度化的人力资源支持和经济基础，这需要有更高层次的整体设计和总体安排。

（4）社区管理体制改革需要激发多方参与积极性。社区管理体制改革需要照顾到多方利益，尤其是利益可能遭受暂时损失的关联方，让各方感受到改革能够增进全体福利、能够实现整体利益最大化、能够实现长远利益，让各方在改革中能够体会到主人翁地位而非从属地位。改革前征求意见并达成共识，改革中共同参与和解决问题，改革淡化行政色彩，这是社区管理体制改革能够顺利实现预期目标的前提。（夏建中，2012）

（5）社区管理体制改革关键要解决好资源配置。财权和事权相匹配是我国财税体制改革的基本目标之一，只有让更多的资源下沉到社区，才能更好地激发社区的积极性。相关行政部门在安排相关工作任务时，一定要充分考虑到基层的资源承载能力，切忌私自给基层派活，同时在资源配置上给予基层一定的自主权，使基层根据自身需要来灵活使用。

3. 现代社会组织体制

社会体制改革的重点之一是要不断改革和完善社会组织管理体制。培育社会组织应遵循分类对待的原则，针对组织的不同类型采取不同的政策。为配合政府转型和推进公共服务建设，在加强社会组织管理的同时，要培育社会组织参与公共服务的供给。通过完善社会组织的管理法规，完善促进社会组织发展的相关政策，鼓励和引导全社会特别是社会组织积极参与社会公共服务的提供、管理和监督。要加快制定《社会组织法》，对各类社会组织的发展作出法律规范，做到依法管理、自主发展。（杨宜勇，2012）

4. 公共安全管理体制

健全公共安全管理体制具体表现在五个方面：一要通过广泛的宣传教育来提高全社会的安全发展意识，强化安全第一的观念；二要逐步加大公共安全投入，完善公共安全设施，提高安全保障能力；三要切实加大政府部门对公共安全的监管力度，进一步加强和创新社会管理；四要建立全社会对公共安全的监督机制，畅通各种监督渠道，动员群众和媒体举报公共安全方面存在的问题；五要落实企业安全生产的主体责任，严防由于生产安全事故造成环境污染和水资源污染而引发的公共安全事故。

健全公共安全管理体制要重点保障四个领域：一是食品药品安全，要制定和完善食品药品安全标准，建立食品药品质量追溯制度，加强食品药品安全风险监测评估预警和监管执法，加强基层快速检测能力建设，强化基本药物监管。二是生产安全，要落实企业安全生产责任制，严格安全目标考核与责任追究，健全安全技术标准体系，实行重大隐患治理逐级挂牌督办和整改效果评价制度，深化煤矿、交通运输等领域安全专项治理。三是社会治安防控，要完善社会治安防控体系，加强社会治安综合治理，加强特殊人群安置、救助、帮教和管理工作，加大社会治安薄弱环节、重点地区整治力度。四是突发事件应急管理，建立健全各级突发事件应急体系，健全应急管理组织体系，完善应急预案体系，强化基层应急管理能力，提高危机管理和风险管理能力。公共安全管理体制贵在制度建立，重在贯彻落实，尤其需要各级政府切实担负起指导、协调和主体作用。

5. 社会诚信机制

社会诚信体系建设是一项全面系统、复杂的工程，单靠某些部门、某些措施无法完成，必须得到政府部门、企业、社会组织和个人的通力合作。一要建立国家信用管理体系，具体措施包括尽快完善相关法律法规，加大法律法规的执行力度和执法力度，建立信用征集、评价、管理体系以及相应的数据库，推进社会信用服务中介机构发展。二要深化和完善政府信用建设，具体措施包括改革政府行政方式，提高政府运行透明度，强化公务员的诚信意识，提高政府公信力。三要健全企业诚信机制和个人诚信机制，建立信用档案，完善信用评估体系，加强信用信息共享，加大失信惩罚力度。四要营造弘扬诚信氛围，倡导"诚实守信者光荣、欺诈失信者可耻"，通过表彰鼓励、税费优惠等形式鼓励诚信行为，并将外在惩罚和内在自我约束结合起来。

三　配套推进我国社会体制改革的建议

为确保社会体制改革各项重点领域目标性架构的实现，应推动社会体制改革与经济体制、政治体制、文化体制等相关领域的创新和改革相互配合，从整体社会文化氛围、政策法规体系、基层组织基础、行政体制改革、社会公共投资模式等方面同时推动改革、全面加以配套，最终对社会体制进行合理的改革和科学的引导，以实现保证社会公平正义，推进社会建设、建设和谐社会等发展目标。

1. 加强正向的社会文化建设，为社会体制改革营造有利氛围

良好的社会氛围是推动社会体制改革的基本条件。充分调动和发挥社会公众的参与积极性和创造性，加强正向的社会文化建设，营造有利于社会体制改革的社会氛围，提升全社会对社会体制改革目标和任务的认识和认同，凝聚社会力量共同参与社会体制改革，是必须贯穿社会体制改革全过程的最关键的配套措施。

2. 积极稳妥地推进政治体制改革，为社会体制改革提供制度保障

政治体制改革是我国全面改革的重要组成部分。我国除了要坚定不移地坚持人民代表大会制度，健全社会主义协商民主制度，巩固和发展最广泛的爱国统一战线以外，还应结合社会体制改革的需要，重点完善相关政策法规体系，加强推动社会组织发展、创新社会管理的相关法律体系；夯实基层社会的组织基础，提高社会的组织化程度；深入推进行政体制改革，建立合理的社会治理秩序。

3. 全面深化经济体制改革，为社会体制改革打下坚实基础

深化改革是加快转变经济发展方式的关键。为确保社会体制改革顺利进行，应着力加强有利于合理调整社会、市场和政府之间关系的经济体制改革，尊重市场规律，更好地发挥政府作用。

4. 全面依法治国，进一步完善社会组织发展政策法规体系

完善法律机制（Francis S.，1993），尽快形成一套完整的社会组织法律体系。推动《中华人民共和国社会组织法》（建议名称）的研究和设立，作为社会组织发展的基本法律。在此原则指导下，推动社会组织管理部门进一步加强行政性法规和规章的制定，鼓励地方人大积极运用地方立法权制定符合本地区社会组织发展的地方法规，共同形成由法律、行政法规、地方性法规及部门规章等构成的社会组织法律体系。推动各项法律法规的衔接和整合，将社会组织发展纳入法律体系框架中，对社会组织的法律地位、主体资格、登记成立、活动原则、经费来源、税收待遇、监督管理、内部自律等做出明确规定。加快修订社会团体、基金会和民办非企业单位三个登记管理条例，明确境外社会组织在华机构的法律界定和管理办法。明确社会组织财产的公益属性并加大保护力度，合理引导社会组织参政议政的政治要求，有序规范社会组织表达合理诉求。在人大代表、政协代表中增设社会组织代表界别，适当增加比例和数量。

结束语

社会体制改革的本质是理顺社会秩序、优化社会结构、完善基本公共服务、增进社会公平。理顺社会秩序重在完善社会制度，使各个社会主体依法依规行事；优化社会结构，一方面要着力建设橄榄型社会，另一方面社会结构要与经济结构、政治结构和文化结构相互适应、相互作用，起到矫正和修补政府失灵与市场失灵的作用；完善基本公共服务，旨在促进底层的社会福利改善；增进社会公平，就是从理论到实际实现社会权利的人人平等。

中国环保工作回顾、进展与展望

张坤民[*]

目前人类已经步入后工业文明时代了。中国湖北云梦出土的楚简，可以说是世界最早的关于环境的法律。在工业文明以后，公害和环境事件就突出了。英国的伦敦烟雾、日本的水俣病、美国的矿山烟雾事件等，都是工业文明时代典型的环保事件。

中国正延续着这些发达国家走过的老路，就是工业化所产生的系列环境问题。1972年联合国在斯德哥尔摩召开人类环境会议，恰逢中国"文化大革命"时期，周恩来总理高瞻远瞩，派出了一个部长代表团出席此次会议。斯德哥尔摩会议对全球的影响很大，可以说是敲响了环境保护的警钟。许多国家从没有机构到设立环境部，环保机构、环境法律也逐渐开始建立。当时周恩来总理明确建立了环保领导小组，设有办公室开展环境规划与管理工作。直到1984年，国务院改革以后成立了城乡建设环境保护部，环保局在建设部下成了一个局。虽然说是有一个专门机构了，但是很多问题还是无法摆上议事日程。

1988年，环保局成为国务院直属的国家局，一系列环境法也逐渐颁布。1992年联合国召开了一次规模更大的环境与发展会议，当时大家觉得环境与发展密不可分。例如印度，当时的总理是英迪拉·甘地夫人，她说贫困是最大的污染。她比较强调经济问题，所以联合国开会经济和环境不分了。这次会议的影响很大，100个国家的首脑或元首参加，而且形成一个"21世纪议程"。"21世纪议程"在中国得到了很高的重视，我国派出有关经济部门、环保部门、科技部门等去参加会议，回来之后在党中央国

* 张坤民，国家环保局原副局长、清华大学教授。

务院领导下发表了一个"中国环境发展十大对策"。这十大对策是在代表团的成员单位详细讨论之后提出了一些指标。2002 年在约翰内斯堡召开了第三次全球环境会议。当时我国同步开始治理山河、山湖等一些重点区域，后来还颁布了循环经济法。直至 2012 年，更多的研究国际治理及一些智库提出绿色经济，声音越来越大。美国作家 E. C. 依可诺梅（易明）曾在中国留学访问，2004 年他的著作《河流越流越脏》令人印象深刻。该书的封面上是一个老太太捂着鼻子，下面有一条河，叫淮河。笔者 20 世纪末也曾经到长江去考察过，当时长江两岸工厂密布，环境压力非常大。笔者老家为江苏宜兴太湖，太湖原来是山清水秀的地方，如今有毒的蓝藻就像绿色的油漆一样覆盖在水面，农民通常把它们捞起来用车装走晒干加以利用。农村秸秆焚烧也是屡禁不止，当时石家庄飞机场的起飞和降落都受到影响，国家明令禁止，但是禁而难止，"十面'霾'伏"。

笔者认为目前倡导先污染后治理主要是因为以下几个因素：

（1）发展阶段。将经济学中的库兹涅茨曲线引申到环境里，在初期阶段，很多国家都是这个规律，包括中国；同时，任何地区强调 GDP 至上。（2）人的意识。人类文明经历了原始文明、农业文明、工业文明，现已步入后工业文明，要顺利过渡到生态文明阶段，可是人们的意识却还停留在工业文明，甚至农业文明时期。乡镇企业，村村点火，户户冒烟，1958 年经历了一次，改革开放初又重复了一次，重复的土壤污染、水污染。（3）利益的博弈。虽然环境有了法律保护，也规定了一些罚款制度，但是违法成本低，守法成本高。（4）立法的深度。笔者认为我国目前立法类似宣传教育，没有标准、程序来具体执行，甚至法院逮捕也没有细致的规定，由此执法强度就会大打折扣，"顶得住的站不住，站得住的顶不住"。（5）环境标准。目前我国缺乏专业标准制定者和制定权，相较之下，美国的环境标准和处罚制度就很具体，也好执行。

目前全球低碳经济、生态经济越来越普及。中国要搞低碳经济，规范认识，就是既要用行政命令控制手段，也要用经济激励手段，还要用市场灵活的机制，同时鼓励信息支持和自愿行动。

关于推进环境法制的这些认识，笔者有以下几点体会：（1）环境责任一定要明确。日本的学者说过，如果公民的合法利益受到损害，得不到合理的补偿，那么这个环境肯定是搞不好的。也就是说，必须保障公民的环境权，损害了就要给予合理补偿，否则行不通。日本一个年轻的专家说，中国的环境科学繁荣，中国的环境问题严重。他的话听着虽然有点刺耳，但想想也对。所以一定要明确责任。我国环境问题上走的弯路就是责任不明确，导致无法问责。（2）国家最好有一个基本的国家环境政策法，即环境保护法。环境保护法很容易就变成环境保护部的责任。我国目前的环保部中有环保和安全，没有林业。笔者认为应该把与环境有关系的放进来，如果再大一点，可能连水利等都要进来。虽然阻力很大，但必须要明确责任，地方、部门都要明确自己的责任。这就是一个比较全面的、有权威的环境基本政策法，还有诸如环境损害赔偿法、环境教育法等环境法的配套施行。（3）立法宜细不宜粗。同时，立法不光是政府部门的责任，也要让公民参与，让不同身份、不同利益的人都参与。

我国可持续发展战略面临的挑战与对策

潘　垣[*]

毛主席常说"目前形势和我们的任务"。笔者认为要总结我国可持续发展战略面临的挑战与对策，就必须先对我国进一步发展所面临的形势有充分的认识。众所周知，对于一个国家来说，土地、水资源、能源这三者是物质的。对于唯物主义者而言，物质是第一性的。土地、水资源、能源以及受它们影响的生态环境，是一个国家特别是一个大国最重要的生存资源。所谓生存资源，就是所有资源中最重要的资源要素，它们直接关系到我国未来能否实现可持续发展。不幸的是，与美国、俄国等大国相比，我们处于明显的劣势。以水资源为例，美国的水资源人均占有量是远远高于世界人均值的，而我们国家只有世界人均值的28%。再以煤为例，国家能源局2014年数据显示，中国现在已探明的可以开采的煤的数量除以我们现在每年的产量，即除产比是31年。也就是说，目前我国煤的储量可以用31年。而刘振亚同志2010年数据显示，美国的煤可以挖240多年，俄国可以挖490多年，印度还能挖100多年。虽然我国国土面积960万平方公里，但是可供利用的并不多，从黑河画一条线直达云南的腾冲，即胡焕镛线，这条线东南面约40%的土地养育了中国95%的人口。

所以西部大开发战略作为解决这些困境的出路，具有十分重要的意义。笔者提出以开发大气水资源和可再生能源为主线的科技创新来驱动西部的科学大开发。若是单纯地把东部的产业转移给西部，那么转移的都是高耗能、高耗水的产业。笔者认为仅仅提西部大开发是不够的，要加上科学大开发，并通过这些来实施"一带一路"的伟大战略，要把西部大开发

──────────

　　* 潘垣，就职于华中科技大学 电气与电子工程学院。

和"一带一路"的战略统一起来考虑，由此来开拓、巩固广大的西部战略纵深，繁荣现代的丝绸之路，保证我们国家社会经济的可持续发展，以应对美国的亚洲再平衡战略和美日同盟对我国的战略挤压和海上封堵。

正是因为我们的能源资源匮乏，所以 60% 的油气要靠进口。为了搞"一带一路"、建新的丝绸之路，习近平总书记去哈萨克斯坦、乌兹别克斯坦、土库曼斯坦这些国家察看油、气，建管道，确保我们的能源。第二次世界大战中德国人和日本人被打败，其中一个重要因素是资源储备不足。习近平总书记在一次财经会议上提能源安全时讲到四个革命、一个国际合作，把国际合作提升到相当的高度。在提到水安全问题时，习近平总书记指出要从全面建设小康社会，实现中华民族永续发展的战略高度重视解决好水安全问题。

我们提出解决水资源安全问题的天水工程。也就是说，我们从气象资料和一些专著中了解到，在中国，大气中的水汽非常充分，但是平均降下来的少，每年平均降下来 16%—18%，80% 以上的水汽没有变成陆地上的水资源。那么有没有可能创新我们的科技，从而把它驱动降下来呢？这就是有待我们研究的一个课题。

对于能源问题，笔者认为评价能源规划是否合理，有以下几个指标：第一，安全。这是第一位的，能源要安全。第二，环保。中国的能源结构是世界上最差的，大概 70% 以上是靠煤，所以雾霾天气、水污染等严重。第三，可持续。我国的煤只能烧 31 年了，缺乏可持续性。所以，我们要从中国的国情出发。我国坐拥世界上最丰富的三个太阳能地域之一——青藏高原，笔者认为，青藏高原的太阳能是世界上质量最好的，原因在于它高，平均海拔 4000 米以上，空气稀薄、干净且干燥，太阳的透射力非常好，所接收的太阳能比同纬度低海拔地区要高出 50%—100%，相当于把光伏电池提高了 50% 甚至 100% 的效率。从国际来说，用这些办法我们能支持"一带一路"战略。因为丝绸之路一出去，就是中亚五国。中亚五国处在亚欧大陆的腹地，它的气候条件和我国新疆非常类似，也是荒漠化的土地面积很大，干旱半干旱地区。它的太阳能也非常丰富，因此我们的技术也可以在"一带一路"推广。现在有一个丝路基金，我们又加一个油气成倍的增产技术，等等。用我们的科技创新来应对、来驱动"一带一路"的战略实施，从而应对美国的亚太再平衡，用开发大气水资源的方式来确保丝绸之路的畅通。

城市治理评估的初步思考

何增科*

城市治理是地方治理的主要内容，同时也是国家治理的重要组成部分。随着现代化特别是城市化进程的深入发展，越来越多的人口转变为城市人口，城市治理的重要性日益凸显。没有城市治理的现代化，就没有国家治理的现代化。什么是城市治理？城市治理的英文是 urban governance。应该说，这个概念本身是把治理、善治这些概念引入城市建设和城市管理的过程中，将城市政治（urban politics）和城市管理（urban administration）两个学科整合、打通、贯穿。21 世纪以后，国际上流行起来一个新的概念，叫作 urban governance（城市治理），它和 urban sustainability（城市的可持续性）的概念是联系在一起的。

城市治理是指城市的政府、城市的居民以及各种社会组织等利益相关方通过开放参与、平等协商、分工协作的方式达成城市公共事务的决策，以实现城市公共利益的最大化。透明、参与、法治、效益、责任、公平、廉洁、和谐这些善治的基本价值应该贯穿于城市建设和城市管理的全过程，体现在城市的决策、实施、评估、调整等各个环节。笔者认为，城市治理创新与城市治理现代化的共同目标是努力建设善治城市。

城市治理评估是国家治理评估的一个重要组成部分。城市治理评估是对城市治理质量（the quality of urban governance）的评估，建立善治城市评估的指标体系，测量城市善治的指数，促进善治城市建设，为实现"城市让生活更美好"的愿景做贡献。这是城市治理评估的主要目的。

城市治理评估应当包括城市治理体系中的输入、转化、产出、成效、

---

* 何增科，就职于中共中央编译局世界发展战略研究部。

评估等城市治理的各个环节，也就是 input、transfer、output、outcome、feedback 等城市治理的全过程。善治的价值理念应该体现在城市治理的全过程，对城市治理的过程和结果都应该具有约束力。

根据善治要求，笔者提出了一个善治评估的理论框架。这个框架包括三级指标：一级指标是城市善治指数，比如对所有的省会城市进行评估，得出城市善治指数的高低，由此可以得知城市善治的程度；二级指标有四个评价纬度，结合城市治理过程四个环节，包括民主治理的过程、城市政府的质量、城市治理的绩效、公众的满意度评价等指标。这其中包含部分三级指标。就二级指标来说，"城市民主治理的过程"主要是反映城市治理过程中在利益需求输入、政策形成、政策评价这三个环节中公民参与的程度、公开透明的程度、合法合规的程度。因此，笔者选取了参与、透明、合规三个方面作为三级指标。

"城市政府质量"是对城市政府所提供的公共产品的质量的评价，根据对 the quality of output 的分析，笔者选取四个指标（效益、公平、责任、廉能）进行评价。

"城市治理的绩效（outcome）"反映的是城市政府的公共政策、公共产品的实际效果，它可以用城市所提供的产品对于城市居民的自由、安全、福祉以及标志着城市可持续发展的繁荣程度这样四个指标来衡量。也就是用自由、安全、福祉、繁荣测量公共产品对于城市居民四个方面的影响，包括正面影响与负面影响的程度。

"公众满意度评价"是城市居民对于城市治理的过程、产品以及效果满意度的综合评价。这种满意度的评价直接影响公众对城市政府的信任和支持这些输入性的变量，同时也为城市政府调整、完善相关政策提供了可靠的反馈机制。

在三级指标中，就"城市民主治理的过程"而言，参与、透明、合规是其重要评估指标。"参与"主要表现为城市居民、利益相关方在城市建设、城市管理的过程中是否拥有发言权和投票权，这些权利行使的情况如何。"透明"主要表现为城市决策的过程和城市决策的结果是否公开透明。"透明"增强了城市居民对城市治理过程的知情权，方便其参与和监督。"合规"主要表现为城市建设和管理行为是否合乎法律法规，特别是合乎上位法的要求。这是法治政府建设的必然要求。

对城市治理中的"政府质量"而言，责任、效益、公平、廉能是其重要的评估指标。首先是"责任"，其表现为对公众需求的积极回应和对城市居民及其后代负责。城市政府的行为，固然要对城市的当代居民负责，以及对城市居民后代负责。这都是负责任的体现，也需要加以测量。其次是"效益"，其主要表现城市治理的产出、效能和效益，它反映城市政府所提供的公共产品对城市的生存、对城市的发展的贡献。再次是"公平"，其具体包括城市政府是否平等地对待每一个公民，公共产品的分配是否体现公平正义的原则，城市的决策是否具有充分的包容性和在多大程度上满足这个要求。此外还有"廉能"，廉能而非廉洁，其主要表现为城市政府能够有效地控制腐败，同时能够保持公职人员本身的 professional、competence（专业和胜任）。

对"城市治理的绩效"而言，自由、安全、福祉、繁荣是重要的评估指标。"自由"指城市政府在城市治理过程中能够保护公民的自由和权利，主要表现为城市的居民是否拥有充分的自由表达权、自由选择权、自由结社权和自由独处权。自由地独处当然包括对隐私的保护。"安全"主要表现为城市政府能够有效地减少安全事故、犯罪和暴力，保护公共安全与社会稳定。"福祉"主要表现为城市政府能够改善民众生活条件，提高生活质量。"繁荣"主要表现为城市政府能够预防和减少各种风险和危机，维持城市发展稳定和生态环境的可持续性，保持长期的繁荣。

"公众满意度"主要表现为城市居民对城市治理过程、城市治理的产品和城市治理的绩效的满意度的评价。

根据以往评估的经验，善治城市的标准可能需要把客观指标和主观指标分开来看。分开以后，客观指标是一个结果，主观指标是另一个结果，二者可能是一个相互印证的关系，也可能主观指标对客观指标是一种修正的关系。如何使善治城市的评价更科学，设立客观指标和主观指标评价结果之间合理的关系，在未来的研究中将是一个很大的挑战。

作为提升国家治理效能的"大数据×"

陈　潭[*]

大数据是指无法在容许的时间内用常规工具对海量信息进行抓取、管理和处理的数据集合，是需要通过技术处理才能具有更强的决策引导能力、洞察发现能力和流程优化能力的信息资产。作为生产资料，大数据正在成为一种稀有资产和新兴产业。任何一个行业和领域都会产生有价值的数据，而对这些数据的统计、分析、挖掘和人工智能开发则会创造意想不到的倍增价值和财富。毫无疑问，大数据即将带来一场颠覆性的革命，无论是从生产方式、生活方式还是行为方式、思维方式，无论是经济生活、文化生活还是社会生活、政治生活，都将发生显著性的变革。显然，大数据不可避免地成了促进组织服务创新、经济社会发展、国家治理现代化的核心引擎。

随着知识社会和信息技术的不断发展，"互联网+"新业态和"大数据×"新形态将会引领国家治理进入"新常态"。作为一种新兴数据处理技术，由于具有 volume（容量大）、variety（种类多）、velocity（速度快）和 value（价值高）的"4V"特性，大数据能够有效集成国家政治、经济、文化、社会、生态等各领域方方面面的信息资源，在人口、资源、环境、教育、医疗、交通、企业、医院、城市等领域已经发挥了极其重要的作用，智慧企业、智慧医院、智慧学校、智慧城市、智慧政府、智慧国家的建设不断地从"口号"转化为各个国家实实在在的"行动"。英国早在2006年就启动了"数据权"运动，韩国于2011年提出了打造"首尔开放

---

　　* 作者简介：陈潭（1969—），湖南常宁人，法学博士，教授，博士生导师，广州大学公共管理学院院长，主要从事政务管理、地方治理、网络政治等方面研究。

数据广场"，美国在 2012 年启动了"大数据研究和发展计划"，日本在 2013 年正式公布了以大数据为核心的新 IT 国家战略。2012 年美国政府将"大数据战略"上升为国家战略，宣布投资 2 亿美元拉动大数据相关产业发展，把对数据的占有和控制视为海权、陆权、空权之外的另类国家主权。联合国也在 2012 年推出了"数据脉动"计划，并在发布的大数据政务白皮书中指出，大数据对于联合国和各国政府来说是一个历史性的机遇。

大数据的广泛应用为实现"数据治国"产生了深远的影响，大数据能够形成数据分析、数据决策、数据创新的治理思维。如今，公共部门通过传感器、卫星、社交媒体、移动通信等持续不断地接收数据，通过捕集、摄取、分析、存储和分配数据，在保障数据安全的前提下，将其转化为有意义、有价值的信息，并运用到包括公共决策、经济预测、市场监管、城市管理、公共服务、社会治理、环境检测、文化传播、学校教育、公共安全、应急管理等在内的国家治理领域和行业管理。世界杯预测、感冒流行预测、气候变化预测、大型活动人口密集度预测等都运用到了大数据分析技术，"大数据×"在国家治理和公共生活中发挥着越来越强大的能量和功效。作为国家治理函数的重要变量，大数据在国家治理过程中发挥"大数据×"的功能主要体现在如下几个方面。

第一，提升公共决策水平。数据是产生信息、知识、智慧的基础，数据是信息的载体，信息是客观事物的表征，从各种类型的数据中，快速获得有价值信息的能力，就是大数据技术。而数据和信息是决策的依据，任何科学决策区别于经验决策的关键因素在于对大数据的挖掘、整理和分析，而不是所谓的"经验个案"。科学的决策不仅需要考量大数据的"历时性"，而且也需要考量大数据的"实时性"，要求通过分析智能终端产生的海量实时信息数据形成预测。互联网数据的价值随着海量积累而产生质变，能够对舆情研判、疾病防治、灾害控制、交通安全以及经济社会运行规律进行直观呈现，为决策者决策提供重要数据基础和决策支撑，从而降低公共决策偏差概率，提高国家治理的精细化和科学化。

第二，提高公共管理效益。大数据能够通过让海量、动态、多样的数据有效集成为有价值的信息资源，为政府开展科学有效的管理和服务提供强大的信息基础。大数据能够通过智能终端简化行政审批流程和办事程序，开展行政监管，实现政府流程再造，提高行政效率和效益。大数据能够通过原来分散在不同主体、部门、行业的数据进行整合管理,依据更加全面的数据资料,提高工作效率,节约治理成本,从而突破部门之间的信息隔离,充分实现数据共享,开展协同治理。

第三,改善公共服务质量。大数据具有的量化、全面、精准的分析功能,无疑对因时、因地、因人制宜的公共服务提供了强大的技术支持。通过大数据分析能够充分获取公共服务的公众满意度及其质量评价,提供更加个性化和便利化的公共服务,从而使服务的主动性更为增强、服务方式更为灵活、服务内容更加丰富、服务质量更加高效。在社区治理中,通过大数据的网格化协调平台能够对不同社区进行差异化分析,从而能够为社区居民提供社区文化、社区安全、社区环境、社区消费等方面的精准服务。

第四,增强社会治理能力。大数据即"大样本",它避免了样本的随机性,能够获得和使用更全面、更系统的数据资源,能够通过海量的数据信息分析现实世界的发展规律。面对流动性、弱结构性、碎片化的社会结构,社会治理能够通过大数据预测社会需求,预判社会问题,提升社会治理能力。利用短信、微博、微信和搜索引擎,监控热点事件,挖掘网络舆情,能够更好地开展网络化治理。通过对人口流动的时空大数据分析,能够有针对性地对基层社会进行有效管理和动态监控,从而更好地开展流动性管理。社会治理通过对大数据进行恰当的管理、建模、分享和转化,能够使"不可能"变为"可能"、使"不可控"变为"可控"。

第五,改进应急管理技能。大数据通过增强对现象发生小概率的关联性分析,可以有效增强风险预警能力,降低公共危机发生的不确定性,有效实施事前控制、事后处置。城市管理者可以在对定位数据、搜索数据进行深度挖掘的基础上,参考相关历史数据,预测人口流量及其空间分布,再结合地理空间实景模拟,找出可能发生的风险源和风险点,从而为预防事故发生、强化应急管理提供强有力的决策支撑。现代大都市治理可以通过整合交通、水务、公安等图像资源和水、电、气、热等公用事业运行监测数据,开发出值守应急、预案管理、空间决策、预警信息发布的综合应用软件,从而为开展应急决策发挥重要的支撑作用。

第六,推进民主政治发展。大数据倒逼透明政府的建立,大数据推动服务型政府的流程再造,建构了政府与公众的多元时空交流。显然,大数据时代的民主政治具有广泛性、参与性、互动性、扁平化的特点。我们可以看到，时空大数据为公民参与提供了实时互动的全新信息空间，公民参与渠道不断走向多元化，公民知情权、参与权、监督权得到更多的保障。同时，政府通过运用大数据技术收集舆情民意，对关注度高、集中度高的网络舆论进行及时研判，从而更好地获取公众需求、诉求和意见，这样既为公共决策的论证和公共服务供给提供科学的依据，又为民主政治的发展拓展了更多的想象空间。

第七，强化国家主权安全。大数据时代开创了一个基于数据计算的现实世界和虚拟世界相互融合的新时代，但也对国家主权和全球治理带来了机遇和挑战。一方面，通过大数据能够对领土、领海、领空、人口和国家边界等国家的实体空间进行数据监测和主权管控，从而建立起灵敏有效的国家安全反应系统和和谐协调的全球治理体系。另一方面，大数据建构的虚拟世界所带来的"非传统安全"正在遭遇越来越多的"非安全"，国家安全和数据主权遭到侵蚀的现象不能不警惕。从"斯诺登事件"来看，美国利用高新技术大规模地实施网络监控，大量窃取其他国家的政治、经济和军事秘密以及企业、个人的敏感信息，甚至远程控制其他国家、组织和个人的重要网络信息系统，这是需要严加防范的。

综上所述，在推进国家治理体系和治理能力现代化过程中，大数据时代的国家治理必须制定大数据治国战略，充分发挥"大数据×"的倍增效能，积极打造智慧型企业、智慧型城市、智慧型政府，从而不断迈向智慧型国家建设。为此，国家治理的公共部门必须建立和开放公共数据中心，加大大数据基础设施建设，设置大数据科学、大数据技术、大数据工程和大数据应用的课程体系和专业教育，培养大数据科学技术和管理人才，完善知识产权的保护体系和社会信用体系，不断提升大数据时代国家治理的效率、效能和效益。

理论研讨

国家治理：做什么 怎么做

韩东屏*

自从 2002 年中共十六大将"国家治理"的术语正式纳入官方话语系统并成为一个重要的官方议题之后，有关国家治理的理论著述和相关研讨纷纷推出，令人目不暇接。可笔者同时发现，尽管理论上的讨论如此热闹，但国家治理在现实中究竟需要做些什么和应该怎么做的问题，尤其是具有可操作性的应该怎么做的问题，仍然非常不清楚，以致国家治理迄今基本上还是在理念上运行，在实践中的展开和推进则并不显著。

一 国家治理做什么

笔者认为，要想说清楚国家治理要做什么和怎么做的问题，须从界定"管理"和"治理"这两个概念说起。因为理论界对这两个概念存在普遍的认知混乱，而正是因为这种混乱，可能影响了我们对国家治理理论的有效阐发和有效运用。

"管理"可以理解为一个主体规划、控制和处理自身事务的日常活动。主体有个人和组织之分，管理也有个人管理和组织管理之分。其中，组织管理又有社会管理与社会组织管理之分。社会管理也叫国家管理，属于宏观管理，是关乎全体国民的公共事务的管理，即学界所说的公共管理；社会组织管理则属于微观管理，是只关乎某个社会组织自身事务的非公共事务管理。社会组织管理还可以按社会组织的性质分为不同种类，现代学界通常将其分为企业性社会组织管理和非企业性社会组织管理，或者营利性

* 韩东屏，就职于华中科技大学哲学系。

社会组织管理与非营利性社会组织管理两大类。

"治理"现在被国内外学界一致解释为"管理"概念的升级版或替代版，是一种以20世纪出现于西方的新的理论和方法为基础的更先进的管理，因此，国家治理理论在等级上就被普遍认为高于国家管理理论，现在实际言语中，广泛流行的也是"国家治理"的说法，而"国家管理"的说法则显得陈旧、过时。但笔者认为，这样的解释和区分是极其不妥当的，尽管这一谬误源自西方。这是因为，在管理方面——不论是国家管理还是各种社会组织管理——不仅以往和现在总有新的理论和方法不断推出，将来也会如此，若每有一次这样的改变我们就将"管理"换一个说法，那恐怕也轮不到现在的我们来把"管理"换成"治理"，而且随着这种改变的增多，恐怕人们再也想不出那么多可以替换"管理"的新词来用。更为重要的是，这种经常易名的做法将严重扰乱人们的思想，使人们或是误以为"治理"是在"管理"之上的另一种东西，或是误以为有了"国家治理"之后，就不再会有"国家管理"。其实，如同新的哲学理论的出现仍然属于哲学而并不需要将哲学易名一样，新的管理理念的出现，也不需要将"管理"易名为"治理"，将"公共管理"易名为"公共治理"。

如果这样说是有道理的，那么是否意味着认为"治理"是一个多余的或不必要的概念？非也。

"治理"这个词其实早就存在，并非属于当代国家治理理论的首创，我国先秦典籍《荀子·君道》就有"材技官能，莫不治理"之语。这一情况说明，"治理"这个概念应自有其独特的用途。事实也是如此，"治理"从字面或构词上看，可以理解为"治疗调理"或"整治修理"的意思。其中，"治疗调理"是用于人的说法，"整治修理"是用于物的说法。鉴于需要治疗调理的人都是病人而非健康人，需要整治修理的物都是有毛病的物而非正常的物，于是我们就能得知，如果说管理是主体在任何时候或每天都要进行的正常活动，那么治理就只是主体在有病或有毛病的时候才需要进行的特殊活动或非正常活动。这就是说，一个健康的人或一个正常而没有毛病的组织，只需要进行管理而不需要进行治理，一个有病的人或有毛病的组织才需要进行治理。因此，"治理"并不是高于"管理"的另类东西，不过是一种特殊时期的管理，即主体有病时的管理。而国家治理，就是指国家有病要治或给国家治病的意思。

有人可能不同意笔者对"治理"的这一解释，声称它是"治国理政"的意思。但"治理"这个词如果真是这个意思，那么我们就不可以有"国家治理"的说法。因为既然"治理"已包含"治国"的意思在内，那么，再在"治理"这个词的前面加上"国家"二字，变成"国家治理"，就在用词上形成叠床架屋、累赘重复之弊。而且，如果我们一定要把"治理"解释为淘汰"管理"的替代用语，那么，我们就失去了一个用于表达"要为主体治病"这一意思的词汇，这在用词效率上显然是不智的浪费。

"国家有病"自然是一种拟人化的说法，学术性地讲，国家的所谓"病"，就是公共事务的不正常状况，就是影响国家正常运行的社会问题。因之所谓国家治理，就是要疗治或解决各种影响国家正常运行的社会问题，使国家康复到全面正常运行的状况。

二　国家治理怎么做？

既然国家治理就是要做这样的事情，那么在所有崇尚民主的社会，负责行使国家管理之权责的政府就都应该大致按照如下步骤行事。

第一步，根据民意确定社会问题清单。无须赘言，如果我们不清楚国家是否有病和都有哪些病，那么为国家治病的事情就无从谈起。之所以强调要根据民意来确定这个清单，则在于，在民主社会，公众是国家的主人，政府是为公众服务的，因而所谓"国家的病"或"社会问题"，就只能是指那些与公众利益相悖、对公众来说不好的事情，而不能仅仅是那些对政府或政府公务员这类特殊群体来说不好的事情，因此国家有没有病、有哪些病等问题，最终要由民意来确认。不过，鉴于普通民众难免会缺乏某些必要的背景知识和相关信息，使其在社会问题的把握和认定上存在一定困难，这就需要动员社会各个领域的专家先行对社会各领域的问题进行公开化的论证和梳理归纳，然后再由公众来确认其中哪些才是真正属于他们想要加以解决的社会问题，从而形成所有待解决的社会问题总清单。就我国而言，目前已被公众普遍认定的社会问题大致有公权腐败、假冒伪劣、坑蒙拐骗、黑黄赌毒、食品安全、房价过高、看病贵难、留守儿童、应试教育、教育不公、竞争不公、分配不公、贫富悬殊、暴力拆迁、国企垄断、环境污染、生态危机，等等。

　　第二步，在确定社会问题清单之后，再根据民意确定解决每种社会问题的价值标准或衡量指标。这一步的必要性在于，从不同的价值标准或衡量指标出发，会对同一社会问题形成不同的解决方案和解决结果，而这些不同的解决方案和解决结果，对民众的意义也是不一样的。比如在我国解决"看病贵难"这一社会问题时，以尽量不增加政府财政支出为衡量指标的解决方案和以民众不管有钱与否、凡有病均能得到医治为衡量指标的解决方案，就会有明显的不同。前者及其实施结果是有利于政府而不一定有利于民众的，后者及其实施结果则是注定会有利于民众的。前面已经讲过，社会问题要由公众认定，社会问题本质上就是被公众普遍认为不好而需要加以纠正的事情，既然如此，在判定社会问题是否得到解决的事情上，自然也要唯公众意志的马首是瞻。

　　第三步，确定解决每个社会问题的责任主体。虽说政府作为国家管理者就是解决社会问题的权责主体，但由于政府是由多层级、多部门、多机构组成的，内部存在职能分工，又由于不同的社会领域存在不同的社会问题，有的社会问题还是跨领域的综合性社会问题，这就有必要进一步明确解决每一个社会问题的政府究竟是哪个政府机构或哪个政府部门。一般来说，每个社会领域存在的社会问题，都应由分管该领域的政府部门或政府机构充当解决该领域社会问题的责任主体；而跨领域的综合性社会问题，也应由各相关领域的政府部门或政府机构来共同充当解决这种社会问题的责任主体，或由它们的上级政府来充当责任主体。但是，如果某社会领域的社会问题与该领域的相关政府存在或直接或间接、或明显或隐晦的利益关联，那就不能仍由该领域的相关政府来充当解决社会问题的责任主体，而应由超越该利益关联的上级政府或其他公共权力机构甚或是某个被授权的社会机构来承担责任主体。比如在我国为解决民众看病贵难的社会问题，就不能再由卫生部来做主导，因为前后已经进行了两次的医改之所以都不成功，就在于卫生部与公立医院和各大药企之间存在诸多利益关联，结果就总是从有利于它们的角度出发搞医改，而不是从有利于百姓的角度出发搞医改。正因如此，尽管每次医改都不成功，令大众不满，却都让这些医院和企业赚得钵满盆溢。又如某些地方交管部门多次出台化解"打的难"问题的举措却总是不成功，也在于它们与出租车公司之间有诸多隐晦的利益关联。

　　第四步，由各责任主体提出解决每个社会问题的详细方案供公众按解决问题的衡量指标进行评价和审批。这一步的必要性在于，解决任何一种社会问题，都不是简单的事情，都需要有事先策划好的具体解决方案。该方案中应有对问题原因的分析，应有解决问题所需动员或借助的社会力量、解决问题的明确手段与举措，以及解决问题的步骤与所需时间等内容。由于对每个社会问题都可能提出诸多内容不同的解决方案，而最终我们只能实施其中的一种，这就需要进行相互比较，优中选优，而比较和选优的标准，就是按公众意志设立的各项衡量指标，最终的抉择者就是公众。当然，关于解决社会问题的方案，也可同时通过社会广泛招标的方式来进行遴选。

第五步，责成相关责任主体具体实施被公众最终认定的解决方案，并由上级政府、大众传媒和民意机构负责全程监督。这一步的必要性在于预防责任主体不尽职、不认真、不积极。此其一。其二则在于解决社会问题不能停留于纸上谈兵，必须付诸实践。但任何解决方案在实施中都不一定完全与预期吻合，且存在当局者迷的可能，故需实施者之外的旁观者来帮着看清实情，以便能随时根据方案的具体实施情况来调整解决问题的举措，避免多走弯路、多花时间，增大解决问题的社会成本。

第六步，在解决方案实施期满之际，由民众对责任主体解决社会问题的任务完成情况进行全面审核与验收，并由上级政府依据验收结论来对责任主体论功过而行赏罚。这一步的必要性在于，解决每一个社会问题，都不能遥遥无期地进行，而到期之日该社会问题是否已经得到解决的结论，也不能由实施者自己来说，还是要由作为国家主人的公众，同时也是社会问题的认定者和解决问题指标的设定者来进行评说。至于根据公众的评价结论来对责任主体进行赏罚也不难理解，就是若舍此，又等于造成"干好干坏都一样"的局面，这就会严重挫伤干好者继续好好干的积极性，反倒是大大鼓励了未干好者继续敷衍塞责的投机性。

以上六步就是国家治理怎么做的基本方式和主要内容，只要照做，解决各种社会问题都不难，而国家治理也正是在对一个一个社会问题的解决中得以完成的。国家治理如此，所谓省域治理、市域治理和县域治理之类的地方治理亦如是。因为它们之间并没有实质性差异，最多地方治理中，除了有全社会性的社会问题之外，还有一些地方性的社会问题需要加以解决。

最后，退一步讲，即便在大家不认可"国家治理"是笔者所说的

"给国家治病"或"解决社会问题"之意思的前提下，我们继续坚持从解决社会问题入手来治理国家，也依然是一种最为合理而有效的正确方法。

　　个中道理，一是从社会问题入手，比从常态入手、理念入手、改革入手和理想入手，都要显得更为实际、直接和明确。因为从常态入手只能维系常态，从理念入手不一定切合实际，从改革入手要先搞清楚社会问题所在，从某种理想化目标入手，也要以消除或没有社会问题为前提。二是便于把握和实际操作，这不仅在于解决社会问题的六个步骤具体而明确，也在于社会问题的认定和社会问题的解决，也都是些可以弄得非常清楚的事情。三是可以切实产生国家治理的实效，因为只要有一个社会问题得到消解，就意味着国家治理有了一个收获和一次提升，而当所有的社会问题均得到消解之日，就是整个国家全都得到善治之时。

道德治理：国家治理的重要维度[*]

龙静云[**]

党的十八届三中全会公报提出"全面深化改革的总目标是完善和发展中国特色社会主义制度，推进国家治理体系和治理能力现代化"。习近平总书记在纪念孔子诞辰 2565 周年国际学术研讨会开幕式上的讲话中指出："中国优秀传统文化的丰富哲学思想、人文精神、教化思想、道德理念等，可以为人们认识和改造世界提供有益启迪，可以为治国理政提供有益启示，也可以为道德建设提供有益启发。"在中央政治局第十八次集体学习时习近平又强调说："我国古代主张民惟邦本、政得其民，礼法合治、德主刑辅，为政之要莫先于得人、治国先治吏，为政以德、正己修身，居安思危、改易更化，等等，这些都能给人们以重要启示。"习近平的上述讲话对我们正确认识和借鉴古代的德治理论资源，科学把握道德治理在国家治理中的重要地位以及有效开展道德治理，具有重要的指导意义。

一 传统道德治理：古代君王治理国家的主导方式

道德治理在古代中国是以"礼治"或"德治"的话语方式出现的。《尚书·太甲下》中便有"德惟治，否德乱。与治同道，罔不兴；与乱同事，罔不亡"的说法。从夏朝开始，"礼"初步形成，至周朝时，周公制礼作乐，形成了西周颇具特色的礼乐文化，对中国成为礼仪之邦产生了深

　　* 本文系龙静云任首席专家的国家社科基金重大项目《我国道德领域突出问题治理研究》（项目编号：13&ZD0037）的阶段性研究成果。

　　** 龙静云，华中师范大学马克思主义学院二级教授，博士生导师。

远影响。其后，"礼"的形式与内容都有损益，本质内涵则一以贯之："礼"是规范社会生活的法则、制度、规范、仪式的总称。《左传》中说："礼，经国家、定社稷、序民人、利后嗣者也。"意思是说，"礼治"就是使"礼"依托国家、社会组织、家庭这些政治性或伦理性实体，借助于包括丧、祭、射、御、冠、昏、朝、聘等各种制度化、程序化、规范化的礼仪，使规范社会政治以及各方面生活的法则、规范被社会成员在潜移默化中认同和践行，以保障国家各层面实体稳定、有序地运行。它是君王治理国家的主要方式。管子也说："国有四维，一维绝则倾，二维绝则危，三维绝则覆，四维绝则灭。倾可正也，危可安也，覆可起也，灭不可复错也。何谓四维？一曰礼，二曰义，三曰廉，四曰耻。"① 其意是说：一幢房子要用四根大柱为主干，国家就像房屋一样，也要有四根大柱做强有力的支撑。这四根大柱就是"礼、义、廉、耻"，其中"礼"为首。若"礼"这根大柱折断，国家就倾斜了；"礼"、"义"两根大柱折断，国家就危险了；"礼"、"义"、"廉"三根大柱折断，国家就倾覆了；如果连"耻"这第四根大柱也折断了，国家就灭亡了。因而治国必先肃"礼"。孔子也非常推崇周礼，认为"道之以政，齐之以刑，民免而无耻；道之以德，齐之以礼，有耻且格"②。强调若用政治和刑法手段来治理国家，人民就只求免于犯罪，不会有廉耻之心；用道德和"礼"来治理国家，人民不但有廉耻之心，还会对统治者心悦诚服。孟子竭力主张统治者"施仁政于民，省刑罚，薄税敛"③。他告诫说："桀纣之失天下也，失其民也；失其民者，失其心也。得天下有道，得其民，斯得天下矣；得其民有道，得其心，斯得民矣；得其心有道，所欲与之聚之，所恶勿施尔也。"④ 荀子也把"隆礼贵义"作为治国的重要手段，明确指出："国无礼则不正，礼之所以正国也，譬之犹衡之于轻重也，犹绳墨之于曲直也，犹规矩之于方圆也，既错之而人莫之能诬也。"⑤ 认为以礼治国，"君臣上下，贵贱长幼，至于庶人，莫不以是为隆正，然后皆内自省以谨于分，是百王之所以

---

① 《管子·牧民》。
② 《论语·为政》。
③ 《孟子·梁惠王上》。
④ 《孟子·离娄上》。
⑤ 《荀子·王霸》。

同也，而礼法之枢要也"①。所以，有智慧的君子以德信服人，天下南北无不归心，这是王者之术的最高境界。不仅如此，荀子也讲法治，但这是礼治前提下的法治，而且这里的法治主要指"刑"的运用，"故其法治，其佐贤，其民愿，其俗美，而四者齐，夫是之谓上一。如是，则不战而胜，不攻而得，甲兵不劳而天下服"②。像孟子一样，荀子不忘总结历史上的深刻教训，认为夏桀、商纣虽然靠武力夺取了政权，但因为其统治残暴无度，丧失人心，最后落得个人亡政息，做普通老百姓的愿望都破灭了。这恰恰是废弃"礼治"的必然结果。由此可见，以礼正国、修身齐家是治理国家的主要途径与手段。到了汉代，董仲舒把道德从"礼"中突出出来，认为，德为政之本；刑为政之末。"天道之常，一阴一阳。阳者，天之德也；阴者，天之刑也。"③ 这里，他把道德看成阳，把法律看成阴，认为德治为"阳"实际上是天意的体现，因而政治生活要采用贵德贱刑、先德后刑、近德远刑的理念，国家统治也应实行德教为主、刑杀为辅的策略。由此他提出了"德主刑辅"、"大德小刑"的治国主张，强调以德治教化为主导，以严刑峻法为辅助的治国方略。由此，就可以使百姓自觉遵守封建礼仪制度，出现"不令而行，不禁而止，从上之意，不待使之，若自然矣"④的局面。这便是"礼治"的另一说法："德治"。"礼治"或"德治"的最终目的是"使天下之人少而习焉，长而安焉。其秀者有所凭而入于善，顽者有所检束而不敢为恶"⑤。由此，封建统治稳固，天下太平，国家强健。

梁启超先生在谈到儒家德治思想的时候指出："我国自三代以降，都是崇尚礼治主义的，儒家便是礼治主义的继承者，儒家以礼为治国治天下唯一之条件。而礼治与法治的最大区别点在于：儒家则欲以畴昔专适用于贵族之法律（即道德、礼仪规范）扩其范围，使适用于一般之民众；法家则欲以畴昔专适用于民众之法律（即法令与刑罚）扩其范围，使适用于一般之贵族。"⑥ 由于儒家思想为上层贵族和普通民众所广泛认同，所以先秦时期有关法治的学说终为礼治或德治之学说所征服。故历史上被标榜为

---

① 《荀子·王霸》。
② 同上。
③ 《春秋繁露·阴阳义》。
④ 《春秋繁露·身之养重于义》。
⑤ 凌廷堪：《复礼·下》。
⑥ 梁启超：《中国法理学发达史论》，新华出版社 1994 年版，第 190 页。

治国典范的所谓"文景之治"、"贞观之治"和"康乾盛世"，也都是主要以贯彻和践行德治的原则而得以实现的。例如，西汉统治阶层汲取秦朝覆灭的教训，罢黜百家，独尊儒术，以德治天下。唐太宗李世民更是儒家德治思想的忠实实践者。他以隋王朝灭亡为鉴，励精图治，在政治、经济、军事以及民族关系等方面实行了一系列正确的治国措施，遂使社会经济恢复发展，思想文化繁荣昌盛，民族关系融洽和睦，国家力量日益强大，社会秩序清平安定。特别是在君、民关系上，他深刻认识到，采用儒家所说的惠民安民政策，才能得到人民衷心拥戴，这是治国之根本。他晚年对自己的治国实践作了总结，认为正是儒家礼治德政思想给了他身为人君的智慧。在《帝范》中，他说："夫人者国之先，国者君之本。人主之体，如山岳焉，高峻而不动；如日月焉，贞明而普照。兆庶之所瞻仰，天下之所归往。宽大其志，足以兼包；平正其心足以制断。非威德无以致远，非慈厚无以怀人。抚九族以仁，接大臣以礼。奉先思孝，处位思恭。倾己勤劳，以行德义，此乃君之体也。"[1] "若崇善以广德，则业泰身安；若肆情以从非，则业倾身丧。且成迟败速者，国基也；失易得难者，天位也。可不惜哉？"[2] 后世颂扬唐太宗"自古功德兼隆，自汉以来未之有也"[3]。再如，清朝康熙帝登基之时，清廷面临的形势极为严峻，广大百姓对清朝的统治不甘不服；国家统一更是远未完成。在此形势下，他认为唯有儒家思想可以凝聚人心，一统天下。康熙十六年（1677）十二月，他在御制《日讲四书解义序》中，明确宣布清廷要以儒家思想为治国之本，提出"与民休息，道在不扰"、"尚德缓刑，化民成俗"等治国理念。康熙十八年，他下诏说："盛治之世，余一余三。盖仓廪足而礼教兴，水旱乃可无虞。比闻小民不知积蓄，一逢歉岁，率致流移。夫兴俭化民，食时用礼，惟良有司是赖。"在总结自己一生的治国之道时，他认为："持身务以诚敬为本，治天下务以宽仁为尚，虽德之凉薄，性之不敏，此心此念兢守五十年，夙夜无间。"[4] "宽则得众。治天下之道，以宽为本。"[5] "守国之道，

---

① 《帝范·卷一·君体第一》。

② 《帝范·卷四·崇文第十二》。

③ 《新唐书·太宗纪》。

④ 《康熙御制文集》三集卷17《敕谕》，转引自高翔《康雍乾三帝统治思想研究》，中国人民大学出版社1995年版，第87页。

⑤ 《康熙政要》卷2，转引自高翔《康雍乾三帝统治思想研究》，中国人民大学出版社1995年版，第88页。

惟在修德安民，民心悦，则邦本得，而边境自固，所谓众志成城是也。"①不仅如此，康熙还努力推进乡规民约建设，并以皇帝的名义颁布社会的道德规范。康熙九年十月，他颁发著名的士民行为准则《圣谕十六条》，明确指出教育乡民的目的是"化民成俗"，使之安分守己，稳固基层社会秩序。《清史稿》评价康熙时说："为人君，止于仁"，"道盛德至善，民之不能忘"②。

总之，在中国几千年的历史中，"礼治"或"德治"的理论及其实践对国家治理和人际关系和谐，对中华民族的文化传承和社会的进步发展，都发挥了巨大作用。这一融礼仪、道德、法律、风俗习惯于一体，强调"礼法并用"、"德主刑辅"的治国模式，为现代国家治理提供了有益借鉴。

二　现代道德治理：国家治理的题中应有之义

国家治理的概念源于国家统治和国家管理。关于国家统治或国家管理，诚如恩格斯在《论权威》中所说的："所有的社会主义者都认为，政治国家以及政治权威将由于未来的社会革命而消失，这就是说，公共职能将失去其政治性质，而变为维护真正社会利益的简单的管理职能。"这里所强调的"维护真正社会利益的简单的管理职能"恰恰就是我们今天所说的国家治理。也就是说，国家治理是在扬弃国家统治和国家管理基础上形成的一个概念。其中，国家治理体系主要有以下几个方面的内容：首先是治理领域，它涵盖经济、政治、社会、文化、生态、政党等多个治理领域；其次是治理主体，它包括国家和中央人民政府、地方和基层政府、各类社会组织和公民个体参与的多元治理主体；最后是治理手段，它涉及法律、制度、意识形态、价值观念和伦理道德等多种治理手段。这三个方面共同构成了完备的国家治理体系。国家治理能力是指作为国家治理中身为主导角色的国家和政府，联合其他治理主体，综合运用各种治理手段管理社会各领域事务，使之相互协调、共同发展的能力。国家治理体系和国家治理能力是一个相辅相成的有机整体，建构完善的国家治理体系是形成良

---

① 《大清圣祖仁皇帝实录》卷一百五十一，转引自王春瑜主编《康熙政风录》，中共中央党校出版社 1996 年版，第 140 页。

② 赵尔巽等撰：《清史稿》第 2 册，中华书局 1977 年版，第 305 页。

好国家治理能力的前提，具备良好的国家治理能力才能使国家治理体系效能得到充分发挥。但无论是从国家治理体系看，还是从国家治理能力看，道德治理都是国家治理的重要组成部分。

首先，在国家治理体系中，道德治理是国家治理主体运用的众多治理手段和方式的一种。与传统的道德治理不同，现代道德治理的主体不是封建帝王，而是执政党、各级人民政府、各类社会组织和全体公民共同参与；道德治理的手段首先是法律和制度，而且法律和制度在国家治理的手段中居主导地位，强调依法而治、依制而行。而道德在国家治理中只是作为法律和制度不可或缺的重要补充而发挥作用的。任何偏离法律和制度的道德治理很难取得实际成效，还有可能步入片面德治的困局；但任何废弃道德治理的做法也很难使社会治理和国家治理顺利进行。如前所述，在中国治国史上，法律和制度治理与道德治理互补并举是最理想的治国之策。乱世用重典，盛世倡民德，也是历代帝王治国实践走向成功的重要原因。因此，在现代国家治理体系建设中，我们不能忽略作为重要治国手段的道德治理，要使人们认识到，法律不是万能的，也不是唯一的治国手段；但法律和制度也有调节和触及不到的领域，在这些领域中道德调节和道德治理的力量是巨大的。正像丹尼斯·罗伊德所指出的，法律与道德"都在热切地推行某些行为标准，没有它们，人类社会将难以存续，而在这许多基本标准中，法律和道德彼此声援补充，构成社会生活的经纬"①。道德必须以法律为后盾，才能发挥其调节和引领功能；而道德是法律人文关怀的基础，缺乏道德精神的法律也难以获得普通百姓的认同，从而无力发挥其强制性作用。所以，法国启蒙学者卢梭认为，在那些具体的法律如政治法、民法和刑法之外，"还要加上一个第四种；而且是一切之中最重要的一种；这种法律既不是铭刻在大理石上，也不是铭刻在铜表上，而是铭刻在公民的内心里；它形成了国家的真正宪法，它每天都在获得新的力量；当其他的法律衰老或消亡的时候，它可以复活那些法律或代替那些法律，它可以保持一个民族的创制精神，而且可以不知不觉地以习惯的力量代替权威的力量。我说的就是风尚、习俗，而尤其是舆论——唯有慢慢诞生的风尚才最后构成那个穹窿顶上的不可动摇的拱心石"②。卢梭在这里所谈的"风尚"正

---

① ［英］丹尼斯·罗伊德：《法律的理念》，张茂伯译，新星出版社 2005 年版，第 43 页。
② ［法］卢梭：《社会契约论》，何兆武译，商务印书馆 1994 年版，第 73 页。

是法律所体现的伦理和道德精神以及公民对这种精神发自内心的真诚信仰。美国法学家伯尔曼指出："在所有的社会里，虽然是以极不相同的方式，法律都需要借助任何关于神圣事物的观念，其目的部分是为了使人具有为正义观念而献身的激情。"① 这种道德信仰和"为正义而献身的激情"恰恰是国家治理和社会全面进步的原动力。可见，在国家治理中，不仅要坚持以法律和制度为国家治理的主导方式，同时还要把道德的精神融入法律条文和法律体系之中，根据现实需要不断更新和完善社会主义道德规范体系，使人们的行为有明确的规范和标准可依，并接受"为正义观念而献身"这一崇高理念的指引。只有这样，法律和制度的效用才能更加充分地显现出来，社会各领域事务相互协调、共同发展的治理目标才能实现。

其次，在国家治理能力中，道德治理是指执政党和政府如何协同社会组织及全体公民，综合运用市场力量、法律和制度的规范力量、意识形态和价值观的引导力量以及伦理道德的教化力量，来克服市场经济发展过程中产生的各种道德问题，为国家的有序与健康发展创造和谐环境与良好"生态"的能力。马克思曾经认为，资本之"恶"是市场经济的逻辑使然，包括中国在内的东方社会，要想"痛饮生产力发展的琼浆"，有时也会发生早期资本主义那样"用人头骨作酒杯"的严重的道德问题。这就要求执政党和政府具有高超的治理能力和良好的道德领导力。这在当前背景下显得尤为迫切。这是因为，改革开放以来，我国市场经济改革已取得巨大成就，社会形成了积极健康向上的思想道德主流；但另一方面，社会各个领域都出现了诸如诚信缺失、损公肥私、损人利己、环境污染、以权谋私、生活奢靡、道德冷漠、道德戾气蔓延等一系列突出问题。这些问题的发展和发酵，不仅阻碍了市场经济的健康有序发展，也对国家秩序和执政党的地位带来严峻挑战。社会产生一系列不道德问题的原因，一方面在于市场经济本身的缺陷及其所需要的健全法制尚未完善起来，某些违背道德的行为还不能得到及时有效的惩罚，这势必会对一些人产生反向激励；另一方面，市场经济对利益地位和作用的凸显，也使得一些人的行为逐步趋向庸俗化和功利化。因此，道德治理的目的是非常明确的：针对上述突出问题以及产生的深层原因，制定出具有可操作性的策略和措施，对其加以

---

① ［美］伯尔曼：《法律与宗教》，梁治平译，中国政法大学出版社 2003 年版，第 62—63 页。

有效克服和消除。这就要求党和政府一方面要努力提升与社会组织及全体公民协同合作的能力，不断扩大面向社会的法律和制度供给，并以意识形态和科学的价值观、道德观对人们的意识和行为进行理性引导，从而为国家治理的顺利进行扫清道德障碍；另一方面，还要以自身的思想道德建设提升党的道德领导力，为人民大众做出表率。

三　正确处理三种关系：道德治理应重点把握的几个问题

首先，正利益与正观念。

马克思主义认为，客观的物质利益是人的思想和观念产生的深刻原因。人类要生存和发展，首先要解决衣、食、住、行等基本物质利益问题。但中国历史上，长期占统治地位的儒家学说存在重义轻利、贵义贱利的倾向，如孔子就"罕言利"，认为"放于利而行，多怨"。这一思想被汉代的董仲舒发展成为"正其谊不谋其利，明其道不计其功"。宋代后儒更是把"利"与"欲"等同起来，提出了"存天理，灭人欲"的极端主张。然而，恰如马克思所说的，"'思想'一旦离开'利益'，就会使自己出丑"①。后儒这种建立在藐视物质利益基础上的思想观念和学说因缺乏牢固的物质根基而陷入了唯心主义的泥淖，在现实中也行不通。这已经被新中国成立以后，其中尤其是"文革"时期彻底摒弃物质利益的贫穷社会主义在实践中的困境所证明。实际上，先秦儒家提出的仁政德治，重要内容之一就是一切以老百姓为出发点，仁民爱民，施惠于民，与民同甘共苦，使民有恒产。而马克思主义更是强调物质利益的基础性地位，马克思就说过："人们奋斗所争取的一切都同他们的利益有关。"② 恩格斯也认为："每一既定的经济关系首先表现为利益。"③ "人们自觉地或不自觉地，归根结底总是从他们阶级地位所依据的实际关系中——从他们进行生产和交换的经济关系中，获得自己的伦理观念。"④ 当前，我们正在努力建立的社会主义市场经济，是社会主义利用市场经济这一资源配置方式为社会

---

① 《马克思恩格斯全集》第2卷，人民出版社1956年版，第103页。
② 《马克思恩格斯全集》第1卷，人民出版社1956年版，第82页。
③ 《马克思恩格斯选集》第3卷，人民出版社1995年版，第209页。
④ 同上书，第435页。

主义服务的经济，发展社会主义市场经济的最终目的是为了实现人民群众的根本利益，让人民过上美满富足的生活。对正当的个人利益的满足，是社会主义发展壮大的前提和条件。正是由于纠正了以往对物质利益的错误认识和错误做法，我们才开始了市场经济体制的改革，允许人们在法律和政策的前提下追求个人利益，物质利益在经济社会发展中的重大作用不断凸显。

但是，马克思主义也认为，对个人利益的追求，如果缺乏正确的导向和严格的约束，有可能会如决堤的洪水不断泛滥，最终危害社会。改革开放以后的一个时期里，由于对利益认识的矫枉过正，加上实际工作中的GDP挂帅，人们的物质利益欲望被充分激发出来却未得到有效控制，其结果，便形成了"上下交征利"的局面，利益分配不公等一系列社会矛盾与社会冲突日渐凸显。这就说明，脱离物质利益基础而形成的所谓思想、理想和价值观念因为不切实际而易流于唯心主义的虚妄；只看到物质利益的基础性作用而不能以科学的思想、理想和价值观念对之加以引导，也势必导致物欲泛滥而落入庸俗唯物主义的窠臼。因而，所谓"正利益"，就是要正确认识物质利益的客观性及其在人类历史进程中的积极作用，正确把握个人利益正当性、合理性的标准，正确理顺国家利益、集体利益、个人利益之间的辩证关系，使利益成为推动人类社会发展进步的"正"动力。所谓"正观念"，就是要用科学的方法甄别和去除那些貌似正确的思想和观念，从实践中科学概括和总结出正确的价值观念，以此引导人们确立正确的利益观，引领人们以合法、合德的方式去求利获利，进而推动国家的发展和进步。这既是国家治理的重要任务，更是道德治理不可推卸的责任。而社会主义核心价值观的提出，恰恰是"正利益"和"正观念"的结果，它具有很强的科学性，能够对现实的各种利益矛盾和社会秩序发挥调节、激励和引导作用，因而是国家治理和道德治理的重要指南。

其次，正法制与正人心。

如前所述，古代帝王治国的主要方式是"礼治"，因而治国必先正礼、隆礼、法礼。荀子就说过："礼者，人道之极也。然而不法礼，不足礼，谓之无方之民；法礼，足礼，谓之有方之士。"这说明"礼"对国家治理的重大作用。然而，"礼"作为古代国家的一种体制，道德在其中的地位是至高无上的，法律和制度只是道德的配角。荀子和法家虽然重视法治，如商鞅说："法令者，民之命也，为治之本也。"① 韩非也认为："夫圣人之治国，不恃人之为吾善也，而用其不得为非也。恃人之为吾善也，境内不什数；用人不得为非，一国可使齐。为治者用众而舍寡，故不务德而务法。"② 但他们心目中的法律只不过是治民之器，并非治国原则。这些对后世的影响是比较负面的。正像康德在《永久和平论》一文中所说的："正如良好的国家体制并不能期待于道德，倒是相反地一个民族良好道德的形成首先就要期待于良好的国家体制。"③ 因而依法治国就成为当代国家治理手段之首选，建设法治中国是中国实现现代化的必由之路。

党的十八届三中全会《决定》指出："建设法治中国，必须坚持依法治国、依法执政、依法行政共同推进，坚持法治国家、法治政府、法治社会一体建设。"④ 党的十八届四中全会《决定》更强调："法律是治国之重器，良法是善治之前提。""法律的生命力在于实施，法律的权威也在于实施。"⑤ 那么，法律的权威性来自于何处？其实马克思早已给我们提供了答案："社会不是以法律为基础的。那是法学家的幻想。相反地，法律应该是社会共同的、由一定物质生产方式所产生的利益和需要的表现，而不是单个的个人恣意横行。"⑥ "法的关系正像国家的形式一样，既不能从他们本身来理解，也不能从所谓人类精神的一般发展规律来理解。相反，它们根源于物质生活关系。"⑦ 这里所讲的实际上就是法律权威性的来源问题。也就是说，只有深刻反映社会经济利益关系，全面表达人们共同生活意志的法律，才具有公正性；也只有法律是公正性的法律时，法律才能获得人们普遍的服膺和遵守。因而法律和制度一旦确立起来，国家政治活动和整个政权的运作都被置于法律和制度的约束之下，任何机构、组织或个人都没有超越法律和制度的特权，所有的公民都是法律的臣民。这既是建设现代法治国家的必然要求，也是"正法制"的意义所在。但法律和制度不仅是纸上条文，更重要的是法律要写进公民的内心。只有人心思法、人人守法，才能推动现代法治的形成。与"正法制"须臾不可分离的是

---

① 《商君分·定分》。
② 《韩非子·显学》。
③ ［德］康德：《历史理性批判文集》，何兆武译，商务印书馆1990年版，第126页。
④ 《中共中央关于全面深化改革若干重大问题的决定》，新华网，2013年11月15日。
⑤ 《中共中央关于全面推进依法治国若干重大问题的决定》，新华网，2014年10月24日。
⑥ 《马克思恩格斯全集》第3卷，人民出版社1961年版，第292页。
⑦ 《马克思恩格斯选集》第2卷，人民出版社1995年版，第82页。

"正人心"。所谓"正人心"就是要发挥道德的劝善化育作用，不断提升个体的道德认识、道德情操和道德人格，使人心思善，人人向善，形成一股从善如流的正能量。这也是"正法制"的内在要求。因为"正法制"重在发挥法律和制度对恶行的惩罚功能，而"正人心"则能够发挥道德对人心的塑造和对恶行的预防功能。人心之善依赖于法制之良，法制之良通过人心之善才能更有效地发挥作用。二者相辅相成、互相促进。因此，国家治理中必须坚持依法治国的原则，不仅要着力建构公正而完善的法律和制度体系，加大法律和制度对国家事务和权力运行的制约，同时还要使法治精神内化为公民的内心信仰，溶入到他们的血液中，落实到具体的行动上。只有首先"正法制"，然后才能"正人心"，进而"正天下"、"和天下"。

再次，正官德与正民风。

诚然，为政者的高尚道德及其示范也是古代德治的基本要义之一。如《左传》中有云："国家之败，由官邪也，官之失德，宠赂章也。"① 孔子曾指出："为政以德，譬如北辰，居其所而众星共之。"② 孟子也认为："夫国君好仁，天下无敌。"③ 要求统治者子帅以正，以礼修身，以义明政，惠民安民，与民同乐，为人民大众树立高尚的道德榜样。董仲舒更是提出："天立王以为民也。故其德足以安乐民者，天予之；其恶足以贼害民者，天夺之。"④ "为人君者，正心以正朝廷，正朝廷以正百官，正百官以正万民，正万民以正四方。"⑤ 经过如此自上而下的示范和引领，普通百姓就会学礼仪，知廉耻，明道德，成仁义，美风俗。受儒家文化的长期浸染，普通中国民众在评价一个时代、一个社会、一个政权体系的优劣时，首先注重的也是执政者和各级官吏的道德操守。世界历史和实践也反复证明：官德正，民风昌，国家兴；官德败，民风降，国家衰。官德与民风和国家进步之间呈现出正相关关系。但社会主义的官德与封建社会的官德是有着本质区别的。我们这里所谓的官德，是指社会主义国家公职人员的职业道德，它是官员的从政之本和为官之魂。官德的基本规范诚然应高于普通公民，其内容包括：为国利民，公平公正，诚实守信，严守法纪，

---

① 《左传·桓公》。
② 《论语·为政》。
③ 《孟子·离娄上》。
④ 《春秋繁露·尧舜不擅移汤武不专杀》。
⑤ 《举贤良对策》。

严格自律，敬业奉献。官德的基础是信仰，一个具有崇高理想和道德信仰的领导干部，必定做到利民爱民，公平正直，两袖清风、一尘不染；相反，一个以信奉"人不为己，天诛地灭"处世哲学的领导干部，必定视民如草，专横跋扈，谋求私利，贪污受贿。官德的关键是用权，这就需要依法治权，以制度束权，以道德教化塑权，以公民和新闻媒体监权。官德的守护神是"铁炉法则"，即国家的法律和党的纪律就像被熊熊燃烧之火烧红的铁炉一样，谁若伸手摸之，必将被烫伤灼伤，受到严厉惩罚。通过上述发挥官德规范体系的约束作用，牢固树立官德信仰，强化权力制约和建构官员失德惩罚机制，我们就不会给官员的各种腐化行为留下丝毫机会，并由此打造出一支兴利于民，德行高尚，为民信任和拥戴的官员队伍，社会风气也将在优秀官德的引领下向好的方向发展。因而正民风必先正官德，加强官员队伍的道德建设，提升各级领导干部的道德操守，是我国推进国家治理现代化和带动社会风气好转的一项重大基础性工程。

地方治理中的权力真空及其防范

徐清飞[*]

我国作为单一制国家，在地方事务的管理中，随着中央权力的下放，民众、地方、市场与社会组织等主体逐渐进入地方治理中。这在推进地方事务得到更为有效解决的同时，也引发了一些新的问题。一方面，地方治理中容易出现地方权力的过度扩张，地方越权行使其权力，进而形成地方保护的问题；另一方面，与地方越权行使其权力相对，在中央下放权力与地方自主行使权力之间以及中央下放权力与市场和社会组织参与地方治理之间出现了权力真空，即在中央权力下放后由于缺乏相应的责任机制促使各方处置地方事务，因此出现了中央、地方、政府、市场与社会组织多头不管的地方治理盲区。对于地方越权行使问题我们已经有所认识并予以重视[①]，然而地方治理中的权力真空问题却被普遍忽视。随着《中共中央关于全面推进依法治国若干重大问题的决定》明确提出要规范地方权力行使的失范行为，我们更要重视地方治理中权力真空的防范问题。特别是，必须在法治框架下对下述问题进行反思：在法律上地方治理中存在的权力真空是何种权力失范？地方治理中为什么会出现权力真空？在全面推进依法治国的进程中我们该如何控制并尽可能防范地方治理中的权力真空？本文试图在全面推进依法治国的背景下对这些问题进行深入探究。

---

* 徐清飞，华南理工大学法学院副教授，主要从事地方治理与法律哲学方面研究。

① 关于地方越权行使问题，参见潘岳《越权审批现象严重，甚至得到地方政府庇护》，2014 年 9 月 15 日访问，http：//news. qq. com/a/20070111/001154. htm；徐清飞：《地方选择性试验及其规制》，《法学》2014 年第 2 期。

一　地方治理中的权力配置与权力行使

地方事务管理在由中央单方面管理到地方多元治理的转型过程中，虽然中央下放了权力，但是这种权力下放并非法定权力配置的结果，加之地方事务的管理必然要求相应权力的行使，因此，在权力下放与地方权力行使之间尚未形成法定对应关系的情况下，地方事务管理既引发了全新的治理模式、促进了地方事务的有效治理，也因权力配置与权力行使之间的不一致而埋下了权力失范的隐患。

（一）地方事务的中央单方面管理模式

作为单一制国家，我国地方事务的管理一直处于中央的主导之下，即使在宪法和法律划分了中央与地方事务的管理权限时亦是如此。《中华人民共和国宪法》确立了中央与地方事务管理的基本原则：中央和地方的国家机构职权的划分，遵循在中央的统一领导下，充分发挥地方的主动性、积极性的原则。根据《中华人民共和国宪法》、《中华人民共和国立法法》等法律又进一步具体规定了中央与地方在地方事务中的管理权限，试图使地方事务管理法定化。然而，由于《中华人民共和国宪法》的原则过于笼统而仅具有指导意义，《中华人民共和国立法法》又只规定了国家立法与授权立法的立法权限，而没有划分中央立法与地方立法的立法权限，因此地方事务的管理在法律上依旧不明朗，依然具有明显的中央单方面管理趋向。在这个意义上可以说中央的立法权几乎没有任何限制。"单一制宪法一般既不规范中央和地方关系，也不限制中央的立法权限"[1]，这意味着"中央可以在任何领域立法，甚至在逻辑上完全可以就某个地方问题立法，而不违反任何宪法条文或原则"[2]。而对于地方立法权力，宪法试图以决定性事项和管理性事项的不同来从横向上对其进行区分，这样，貌似在法律上就明确了地方决定性事项由地方权力机关处理，而地方管理性事项由地方行政机关处理。然而，在单一制国家，地方各级人民政府还要对上一级国家行政机关负责并报告工作，因而纵向的权力在专门的法律和行政法

---

[1]　张千帆：《主权与分权——中央与地方关系的基本理论》，《中研院法学期刊》2008 年第 3 期。

[2]　同上。

规中又是根据人、财、物的条块来进行分割的，中央与地方的权力因横向与纵向的分割与重合几乎难以进行有效区分，"决定权与执行权进一步同构，这导致宪法对权力的划分在地方权力行使的过程中更多地不是体现为职权法定而是体现为权力的交叉与重叠"①。因此，虽然法律规定了地方事务的管理权限与范围，但是中央仍旧可以通过立法无障碍地延伸到地方的所有领域进行管理。

除了法律层面，在政策层面中央单方面管理地方事务的模式体现得更加明显。众所周知，在通过宪法和法律规定中央与地方的权限范围之前，中央与地方管理事项的划分主要依靠中央的政策来单方面予以确定。即使有了宪法和法律的相关规定，中央的政策在中央与地方的权力配置和事务划分实践中依然发挥着重要的作用。分税制改革就是通过政策而非法律来确立中央专属税权的最好的例证。正是根据《国务院关于实行分税制财政管理体制的决定》的政策，"中央税、共享税以及地方税的立法权都要集中在中央，以保证中央政令统一，维护全国统一市场和企业平等竞争"。另外，改革开放以来作为法定授权的地方自主权力行使，同样是中央权力下放的一种政策实践而非法定权力配置的结果，因为并无列举性的授权事项规定而仅有否定性的原则规定。以先行先试授权为例，试验什么、在哪里试点等问题都由中央单方面决定，试点授权方式只是中央的政策调控形式，经济特区与自由贸易试验区的试点无不如此。

（二）中央权力下放后的地方治理

应该说，在地方事务的管理中，中央单方面管理模式发挥了集中力量办大事的优势，有其历史合理性。然而，由于我国地广人多且区域发展不平衡，随着社会的发展，这种模式已经越来越难以适应民众的需求和地方事务发展的新趋势，因此为了更好地处理地方事务，自改革开放以来，中央开始逐步下放权力，并引入市场与社会组织来处理地方事务。地方事务的管理呈现出全新的治理样态。

1. 由地方权力行使与民众参与所引发的地方治理

中央权力下放后面临的首要问题是地方事务由谁来管理的问题。地方事务的特点内在地要求地方与民众参与到地方事务的管理中，进而引发了

---

① 徐清飞：《地方选择性试验及其规制》，《法学》2014 年第 2 期。

地方事务管理的新趋势：地方事务管理不再由中央单方面进行管理，民众与地方也参与到地方治理中。

一方面，在中央单方面管理模式并未因权力下放而发生根本改变的情况下，地方要首先参与到地方事务的管理中，在代表制度下根据中央授权自主行使权力。原因在于，代表制度要求地方对本地人民负责，地方在满足本地民众需求时必须行使权力，"如果没有权力作为保障，那么大部分的地方事务将会陷于停滞状态"①。不过，在代表制度下地方所行使的权力虽然是由中央授予的，但是其行使具有很大的空间。原因在于，虽然中央已经下放了权力，但是中央的权力下放仅仅是中央的行政放权，而非中央与地方之间关于地方事务管理的法定权力配置，中央在哪些方面行使地方事务的管理权、在哪些方面下放地方事务的管理权并没有明确的范围，这样在中央所下放的权力与管理地方事务的权力之间并不具有对应关系，地方为了有效应对地方事务的管理需求，既可能在中央下放的权力范围内行使权力，也可能越出中央权力下放的范围行使权力。加之，地方事务多为突发性事务且处理的周期较短，这时地方就只能通过自主越权行使权力来处置地方事务。这样，在地方自主行使权力的过程中，地方并非一定要在中央下放的权力范围内管理地方事务，而主要是基于地方事务的特点和公众的需求来行使其权力。进而，虽然地方事务的中央单方面管理模式尚未发生根本改变，但是地方事务的管理已经不再是那种单纯的"中央指令—地方执行"的管理模式，地方也在自主参与地方事务的管理。

另一方面，除了地方之外，中央权力下放后民众也参与到地方事务的管理过程中来。民众参与地方事务的管理是其权力行使的体现，这已为宪法所明确规定。而在代表制度下，只有民众参与到地方事务的管理过程中，地方的自主权力行使才能获得正当性。只有参与其中，民众在地方的需求才能得到充分的展现，进而才会对地方事务的管理形成压力。民众的参与也使得地方事务的管理突破了中央单方面管理的模式，因为民众参与要求民众与地方参与到关于地方事务范围和管理权限的划分过程中，而不再仅由中央单方面来确定。

---

① 徐清飞：《我国中央与地方权力配置基本理论探究——以对权力属性的分析为起点》，《法制与社会发展》2012 年第 3 期。

2. 由市场配置与社会组织参与所引发的地方治理

中央权力下放后，社会主义市场经济体制开始逐步确立，这必然要求政府从大量经济性地方事务中退出，以便充分发挥市场在地方事务中的功能。社会主义市场经济的发展也带动了社会组织的新发展，并使社会组织在地方事务中发挥越来越重要的作用。社会主义市场经济与社会组织的发展也引发了地方事务的多元治理。

一方面，社会主义市场经济体制的逐步确立要求地方治理按照市场自身的规律进行，而非政府直接进行管理。地方事务中的经济性事务需要基于市场进行治理，通过市场模式而非传统的行政模式来解决。由于地方事务主要涉及的还是民生保障与相应的资源供给问题，其中经济性民生保障事务在社会主义市场经济体制下主要通过市场来完成，因此，市场在地方成为资源配置的基础性手段。在市场条件下，政府在地方治理中主要提供法律服务，为市场程序的建构提供法律保障，因为，市场主要是一种程序建构的产物，"经济市场可以被看作是一种程序"①。在市场的优胜劣汰机制下，地方政府要为市场本身提供基础性的救济保障，以确保在市场竞争中的失利者可以获得基本的公共服务保障。但是在中央权力下放后，市场难以解决的问题并非想当然地依靠政府来解决，而是根据市场规律优先通过社会力量来解决，只有在社会组织难以解决的情况下才需要政府介入。

另一方面，社会主义市场经济的发展使得政治国家与市民社会的分野更加明显，而市民社会的发展要求社会组织在地方公共事务的处理中发挥更为重要的作用，进而引起地方事务管理中社会组织参与形式的新变革。与市民社会的发展相适应，许多新兴的地方民生事务催生出了新的社会组织，如解决地方社会发展资金需求的基金会、为地方事务管理提供便利的社区委员会等，这些社会组织的兴起与发展进一步促进了地方事务的多元治理。另外，在抗击市场经济风险的过程中，地方行业协会也得到进一步发展，通过自发组织形成应对市场风险的社会力量，而非依靠政府成为社会主义市场经济条件下地方事务管理的一种新常态。因此，地方事务管理中的行政色彩进一步淡化，政府在社会事务管理中更多起到的是指导和协助的作用，自主与自治成为地方事务管理中社会组织运行的新形态。

---

① ［英］戴维·米勒：《社会正义原则》，应奇译，江苏人民出版社 2008 年版，第 156 页。

二　地方治理中权力真空的形成

如上所述，虽然地方治理开始逐步突破中央单方面的管理模式，但是在中央单方面管理模式并未发生根本改变的情况下，地方治理并非中央通过法律所确定的中央与地方、政府与市场及社会组织之间关于地方事务管理的权限划分的结果，而只是中央权力下放后地方事务管理合理化的结果。在缺乏法律明确规定的情况下，地方治理实践中极易形成权力真空。加之，在地方治理过程中，由于市场和社会组织等治理机制自身具有内在缺陷，因此在中央权力下放而相应的背景制度尚未建立时，这些缺陷也会导致地方治理中的权力真空。这样，地方治理中就会出现中央、地方、政府、市场与社会组织多头不管的治理盲区。

（一）地方治理因缺乏法律的明确保障而形成权力真空

对于中央权力下放后由地方参与所引起的地方治理，由于并非中央与地方之间关于地方事务管理的法定权力配置的结果，因此在地方的自主权力行使与中央的权力下放之间就会出现权力真空。具体说来，主要表现为以下几个方面：（1）在中央单方面管理模式没有发生根本改变的情况下，中央的权力下放仅仅是中央的行政性放权，而非中央与地方之间关于地方事务管理的权责规定，中央权力下放后并没有相应的责任机制来跟踪地方事务的管理状况，尤其是权力下放后地方事务管理中的权力行使情况以及相应的地方事务处理情况。即使地方事务在中央权力下放的范围内，也缺乏相应的责任机制进行约束。当地方不去管理时，由于中央已经下放了权力，因此这些地方事务就陷入了中央与地方都不管理的权力真空状态，形成治理盲区。（2）中央的权力下放与地方权力的自主行使之间并非法定的对应关系，也没有相应的责任机制来约束地方的自主权力行使。如果地方事务不在中央权力下放的范围之内，那么也并无法律强制要求地方来管理这些事务。当地方不去管理这些事务时，在中央单方面管理模式下就只能由中央管理，而基于前述这些地方事务的特点，中央管理这些地方事务具有滞后性，那么在特定的时间内必然会留下管理的权力真空，形成治理盲区。（3）在中央的权力下放后，地方通过自主行使权力形成并固化了地方利益，使地方治理呈现出地方选择性治理的倾向，部分地区会优先考虑本地利益，而对整体利益进行选择性取舍，这以经济发达地区的地方竞争最为典型①，如珠江三角洲地区的区域竞争，相邻城市之间正在经历从重复上马港口到重复建设机场的盲目竞争，虽然这些大项目有助于带动本地GDP 的增长，但是在区域之间不仅形成了恶性竞争，还造成了整体上的资源浪费。② 在这些地方的选择性治理中，与本地利益相冲突的地方事务会被搁置或被敷衍处理；而那些对地方无益但对整体有益、对民众有益的事务，如公共物品的供给，地方却无动力进行治理。更有甚者，有些地方消极无为，放任地方事务荒置，这以经济欠发达地区最为典型。这些都造成了中央与地方在某些地方事务的管理中相互推诿，致使大量公共事务在地方处于权力真空状态。

对于由中央权力下放后由民众参与所引起的地方治理，由于并无相应的法律保障民众参与地方事务的管理，难以形成民众对地方治理的有效监督，因此也会出现地方治理中有权力但没有相应责任机制来约束地方权力行使的乱象。就一切权力属于人民而言，地方治理也是民众权力行使的体现，只要民众参与到地方治理中就不会出现权力真空。然而，《中华人民共和国宪法》关于民众参与的规定过于模糊，在地方治理实践中需要解释民众在何种情形下参与地方事务，但现行的代表制度主要侧重权属性规定而非程序性规定。以民众行使选举权为例，虽然《中华人民共和国选举法》有相关的程序性规定，但是这些规定中只有一条涉及公民直接行使选举权的程序，剩下的都是关于间接选举的程序规定，而这些关于间接选举的程序规定本身也很模糊，致使民众参与地方治理缺乏确定性指引。

因此，在地方事务管理方式的转换过程中，地方治理在释放地方与公众在地方事务管理中的活力的同时，也形成了权力真空。中央虽然已经下放了权力，但是依然是地方事务管理的权力主体，而地方事务管理作为一种职权，中央也仍是地方事务管理的责任主体。基于权责的一致性，在法律上没有追责机制促使地方处理地方事务。这样在地方事务管理中，并未在法律上形成权责一致的地方治理模式，因此，在地方内部治理中，必然会出现权力真空，并且主要集中在如乡村基础设施建设与教育这些以前由

---

① 参见冯兴元《地方政府竞争：理论范式、分析框架与实证研究》，译林出版社 2010 年版，第 129—136 页。

② 例如，在相邻的广州、深圳、珠海，一小时车程范围内就分布了三个大港口以及三个国际级机场，还有一个机场也已立项，这还不包括与之相邻的香港的港口与机场。

中央提供，而在中央权力下放后本来希望由地方来提供的社会公共物品供给领域。

（二）地方治理因治理机制的缺陷而形成权力真空

中央权力下放后通过市场与社会组织进行地方治理，在为政府管理松绑的同时，也符合地方事务管理自身的规律，因此有效地促进了地方治理。然而，在社会转型的过程中，这些治理机制自身具有内在的缺陷，在没有相应配套制度予以弥补的情况下就会形成地方治理中的权力真空。

1. 因市场缺陷而形成的权力真空

在向社会主义市场经济的转型过程中，由市场引发的地方治理同样会形成权力真空，这主要是由市场机制的不健全所导致的。一方面，市场具有自发性和盲目性，这使得借助市场处理地方事务将具有很强的资本流动性，在资本流动的过程中会形成权力真空，进而导致在中央权力下放后地方事务的管理处于瘫痪状态，中央不管理而地方与市场又没有能力进行治理。另一方面，我国区域经济发展严重不平衡，不同区域的市场经济的发育程度不同，在通过市场进行地方治理时会造成城乡、区域差距进一步扩大，在资源转移的市场治理过程中也会形成权力真空。对于资源转入地而言，政府资源退出而市场治理没有跟上会使资源处于盲目配置的过程中；对于资源转出地而言，后续治理难以为继，这在政府与社会组织效率低下时表现得更为明显。加之，借助市场进行的地方治理会天然地以效率为最终的价值目标，因而会形成公平治理的权力真空。① 但是应该看到，在地方治理中效率既不是唯一的也不是最终的价值目标，除了效率价值外，公平也是地方治理所要实现的基本价值。唯效率的价值抉择会使部分地方事务陷入权力真空状态，公益性的地方事务治理尤其如此。

然而，在解决市场缺陷的过程中，中央与地方政府的介入又会形成新的权力真空。因为中央权力已经下放，地方治理中的大部分经济性事务都由本地政府来处理，但中央与地方的权力配置尚不明确，政府与市场的边界也未实现法定化，因此在政府与市场的边界尚未厘清之前，市场本身难以为地方治理提供稳定的预期，当政府调控市场资源配置时，到底是靠中

---

① 我国社会主义市场经济发展至今，各地 GDP 至上的取向仍未得到根本改观，这种 GDP 至上就是唯效率论的典型体现，也为地方治理中公益等受到忽视提供了有效的注解。

央政府还是地方政府进行地方治理的市场调控，在法律没有明确规定时只会导致中央与地方两不管。当前针对房地产的市场调控就是很好的佐证，房地产市场自身已经形成了权力真空，在各级政府调控时又形成了新的权力真空，结果房地产市场几乎走上了一条不归路，房价越来越高，市场越来越混乱。① 因此，由市场所引发的地方治理在从对政府的依赖到对市场的依赖的转换中，形成了巨大的权力真空，这在市场发育程度低的地区尤为明显。"现代治理面临着权力依赖的严重挑战，权力依赖意味着致力于集体行动的组织必须依赖于其他组织，并且不能通过命令的方式迫使对方回应，而只能通过资源交换和基于共同目标的谈判来实现。"② 中央权力下放后，市场失灵后的地方事务就会出现政府与市场都不负责的窘况。

2. 因社会组织发育缺陷而形成的权力真空

在社会转型过程中，由于我国市民社会的形成过程存在先天缺陷，社会组织发育不足，既有官方性质的社会组织，也有半官方性质的社会组织，还有自治性社会组织，因此在由这些社会组织参与而引发的地方治理中也会因其自身的缺陷形成权力真空。

就官方性质的社会组织而言，因为其在法律上并未法定化其与政府之间的地方治理边界，所以这些社会组织参与地方治理尽管有法律根据，却并不明确，多体现为协助等模糊性字眼。并且，对于这些社会组织的参与也缺乏相应的程序性规定。这样，法律规定形同虚设，其所应负的法律责任被虚化，形成地方治理的权力真空。以社区治理为例，虽然有相应的官方性质的社区自治组织，但其大都难以形成有效的社会治理，社区事务大多停滞不前，很多事务甚至退化到了治理之前的单方面管理模式下的状态。

对于半官方性质的社会组织而言，其参与地方治理有的是基于法律，但更多的则是基于行政法规的规定。法律法规规定了社会组织以何种方式参与社会事务，但因这些社会组织多是条块分割下的产物，全国性组织与地方性组织参与地方治理的权限本身就不清楚，故这些组织与地方之间在

---

① 　参见杨雪冬《近 30 年中国地方政府的改革与变化：治理的视角》，《社会科学》2008 年第 12 期。

② 　［英］斯托克：《地方治理研究：范式、理论与启示》，楼苏萍、郁建兴译，《浙江大学学报》（人文社会科学版）2007 年第 2 期。

地方治理中的权限就不很清晰。① 并且，因其具有半官方性质，其到底是代表官方利益还是代表组织成员的利益本身也不甚明确，这导致在地方治理中其很难发挥治理作用，造成其所应参与治理的地方事务处于权力真空状态。各种行业协会就是最典型的例子。

至于自治性社会组织，应该说本来是地方治理中最为民众所期待的社会组织形态，但因为其设立实行审查登记的规定，所以其参与地方治理在法律上奉行批准原则，只有经批准才能参与地方治理。而这些社会组织能否参与地方治理、如何参与地方治理在组织成立时就已经内含于其组织形态中，否则就不能被核准成立。这样，自治性社会组织参与地方治理就退化到单方面的管理模式，但又不是传统上的那种单方面管理模式下。因而寄希望于自治性社会组织进行地方治理，也必然形成自治事务的权力真空。这样既不利于社会组织自身的发展，也不利于地方的有效治理。

三　地方治理中权力真空的预防与弥补

面对日趋复杂的地方事务，在实践中让民众、地方、市场与社会组织参与到地方治理的过程中，形成多元治理的格局而非让中央唱独角戏已成为实现地方治理现代化的必然要求。但是，地方治理的合理性并不能证成其合法性，因此不能为了地方治理的便利而忽略地方治理的法治化。面对地方治理中的权力真空，在法治进程中必须首先把地方治理纳入法治的框架，通过法律有效防范地方治理中的权力真空。

（一）立法控制与事前预防

在理想状况下，在法治化进程中防范地方治理中的权力真空，需要通过法律明确地方治理中各方的权力配置，使中央与地方、政府与市场、公民与社会组织在地方事务中权责明确、各负其责②，即通过法律的明确规

---

① 法律如《中华人民共和国红十字会法》、《中华人民共和国红十字工会法》，行政法规如《社会救助暂行办法》，虽然都专章规定了社会力量的参与，但是除了市场化的手段外，几乎没有任何实质性内容，更遑论地方权力与社会力量之间的权限划分了。

② 关于中央与地方的权力配置，笔者已经在其他文章中做了详尽的分析，尤其是静态与动态配置，在此不再赘述。参见徐清飞《我国中央与地方权力配置基本理论探究——以对权力属性的分析为起点》，《法制与社会发展》2012 年第 3 期。

定来事先预防地方治理中权力真空的出现。因此，通过立法厘清地方治理中各方的权力边界，对地方治理进行事前控制成为地方治理法治化的不二法门。在中央单方面管理模式未发生根本改变的情况下，作为立法缓冲，中央的权力下放也必须尽可能通过法律来予以明确，逐步消除政策放权的模糊性，先行确定中央在地方事务的管理中的权限，在此基础上再通过立法确定地方治理中中央与地方各自的权限。但在地方治理实践中，静态的职权法定只能解决地方治理中地方的职能与权限问题，而"基于权力行使的动态性，权力行使本身是个伸缩性很大的事情，它可以与法定职权相符，也可以超出或不及法定职权，表现为对法定职权的扩张或收缩"①。因而，地方治理同时又是一种动态性的互动行为与过程，一方面，地方治理是"各级政府所共同执行扩张性功能的连接性行为"② 以及执行法律与政策时政府部门执行者的相关行为；另一方面，我国各地的市场与社会组织的发育状况不同，地方事务在特定时空下呈现出差异化的特征，权力真空的预防也出现差别；加之，各地民众的权利意识与参与地方事务的程度不同，民众在地方治理中权力行使的状况也不同。当地方治理中静态的法律规定与治理实践不相一致时，我们就难以通过静态的权力配置来实现中央与地方、政府与市场、公民与社会组织之间权力配置的法治化。因此，地方治理中的静态权力配置只是防范地方治理中权力真空的基础，除此之外，还需要通过公众参与、克服市场与社会组织的缺陷等来规范动态的地方治理，从而在根本上防范地方治理中的权力真空，而这些措施在全面推进依法治国的进程中同样需要立法来体现。在立法控制时，需要根据不同的治理情况从静态和动态两个方面尽可能地预防地方治理中权力真空的形成。

1. 通过程序指引民众参与来预防地方治理的权力真空

民众的需求是地方事务管理的终极指向，因此，要防范地方治理中的权力真空，首先应该让民众参与到确定中央与地方、政府与市场以及社会组织之间关于地方事务管理的权责过程中来，根据民众的需求来指引地方治理中的权责设定，通过民众的参与来监督地方事务的管理。如前所述，在代表制下，民众不可能完全、直接地参与地方治理，而是需要借助权力

---

① 霍存福：《权力场》，法律出版社 2008 年版，第 1 页。

② 转引自陈德禹《行政管理》（修订初版），台北三民书局 1996 年版，第 210 页。

机关与行政机关来参与地方治理，这时就应该通过程序来实现民众参与的法律效果。"程序能确保所有有关利益得到同等考虑，各方都被赋予同样的权力，从而寻求尽可能合理的方式来实现自己的偏好。"① 程序的设置要明确民众应该在何种地方重要事项中直接参与以及如何在地方治理中行使权力，以使自由等民众的需求尽可能得到满足，但是由于在权力不附带责任的地方，不可能有自由，② 因此还需要通过程序来明确权力机关和行政机关在地方治理中的权限和职责，以及其与民众在地方治理中的权责关系，尤其需要设置明确的追责机制来使地方事务得到有效的处理。

同时，在利益多元化的情况下，地方治理的程序设置还要充分考虑到民众、地方与中央不同的利益诉求，因而需要"提高政府反映和实现各种利益诉求的政策协调能力"③。而这更需要进一步的程序设计，以明确政府之间权力行使的边界和程序，"防止因为不平衡的权力结构和不平等的威胁潜力而使结果偏向一方的危险"，④ 使地方治理中的权力行使得到确定性指引。这样地方治理中的程序设置就被看作是一种利益表达的平衡机制，一种转化社会冲突的政治过程，"即把公共争议和利益冲突置于一个公开的民主协商过程，如此，容易达成多方共识，增强政策的包容性，降低政策执行的代价和风险"⑤。

但是，对于地方治理中权力真空的防范而言，程序性指引只能提供纯粹正义的保障，程序正义自身难以保障民众完全参与到地方治理中，从而防范权力真空的出现。⑥ 地方治理中的权力真空还需要借助外在的判断标准予以防控。因此，在民众参与中央与地方权力配置的程序之外，还必须

---

① 徐清飞：《我国中央与地方权力配置基本理论探究——以对权力属性的分析为起点》，《法制与社会发展》2012 年第 3 期。

② 参见姜峰、毕竞悦编译《联邦党人与反联邦党人》，中国政法大学出版社 2012 年版，第 55—56 页。

③ 周光辉：《推进国家治理现代化需要寻求和凝聚社会共识》，《法制与社会发展》2014 年第 5 期。

④ ［德］哈贝马斯：《在事实与规范之间——关于法律和民主法治国的商谈理论》，童世骏译，生活·读书·新知三联书店 2003 年版，第 216 页。

⑤ 周光辉：《推进国家治理现代化需要寻求和凝聚社会共识》，《法制与社会发展》2014 年第 5 期。

⑥ 这是根据罗尔斯的三种正义观所做的区分。罗尔斯根据程序公正与实体公正之间的关系，区分了完善的正义（实体公正且程序公正）、不完善的正义（实体公正但程序未必公正）以及纯粹正义（程序公正但实体未必公正）。参见［美］罗尔斯《正义论》，何怀宏等译，中国社会科学出版社 1988 年版，第 85—87 页。

借助市场与社会的治理情况来形成对权力真空进行控制的判断标准。这就需要进一步考察并通过法律明确政府与市场以及政府与社会组织在地方治理中的职能定位与权力分工。

2. 通过法定化政府与市场在地方治理中的职能定位来预防权力真空

在明确了民众的主体地位以及其在地方治理中的权能后，还需要进一步细化并规范地方治理中政府与市场、政府与社会组织间的职能，以进一步预防地方治理中的权力真空。那么，在地方治理中该如何定位政府与市场的职能呢？在何种情形下需要借助市场进行地方治理，又由谁来决定进行市场治理，是由中央来决定还是由地方来决定，何种情形下由中央来决定，何种情形下由地方来决定？这些问题都需要通过立法予以明确。不过，市场和社会组织在地方治理中的功能和作用需要实证研究予以支持，由此来证明市场和社会组织较之其他手段在事务性管理中更能实现地方治理的目标。可能其他国家在此方面已经积累了丰富的经验，但这些经验未必适合我国，尤其是在我国市场和社会组织发育不充分的区域，因此还需要通过进一步的调研来验证。而《中共中央关于全面深化改革若干重大问题的决定》所提出的"推广政府购买服务，凡属事务性管理服务，原则上都要引入竞争机制，通过合同、委托等方式向社会购买"也仅仅是指导性意见，如何具体施行还需要在地方治理的实践中予以总结和提炼。在立法难以普遍规范的情况下必须先借助负面清单管理的基本理念与契约等法定形式规范地方治理，只有这样才能在政府与市场、社会组织之间形成较稳定的治理预期。在法定化政府与市场、社会组织之间的关系后，进一步通过立法完善市场与社会组织自身的秩序来防范地方治理中的权力真空。

3. 通过完善市场规则和背景制度来预防地方治理中的权力真空

在市场治理中，"市场不是自然的产物，而是通过合法方式建构的工具，是人类为了有一个成功的社会秩序体系而创设的"①。因此，可以把市场看作一系列程序，通过立法完善市场程序以预防因市场不完善而引起的地方治理权力真空。在制度设计时可以通过程序来完善市场运行规则，但是由于市场运行的缺陷以及程序正义的限度，靠市场自身程序的完善并不能完全预防地方治理中的权力真空。在市场规则之外的财产制度、自由

---

① ［美］孙斯坦：《自由市场与社会正义》，金朝武等译，中国政法大学出版社 2002 年版，第 520 页。

竞争制度以及城乡和区域结构都制约着市场规则的运行并影响着市场治理中权力真空的形成。因此，除了市场制度自身的完善之外，城乡一体化以及区域平衡发展等背景制度的不断完善更是弥补地方治理中因市场所引发的权力真空的终极保障。社会整体制度的转型，尤其是背景制度的完善，将促进市场机制的完善，并有效地预防市场治理中的权力真空。

4. 通过制度革新推进地方治理中政府与社会组织职责的转变

要想让社会组织更充分地参与到地方治理的过程，并弥补因社会组织发育不足与运行不畅而引起的地方治理权力真空，关键是明确政府权力与社会自主权力之间的界限。根据地方事务的特点，以民众经由地方与社会组织进行地方自主治理的理念为指引，通过制度改变现行的社会组织管理模式和法律判断标准。在进行制度重构时要改变核准登记的社会组织设立原则，而应该以社会组织自治为基础，采取负面清单管理模式，只有涉及中央整体利益和国家根本利益时，社会组织的设立才以核准为原则，其他能够通过社会组织予以实现的地方事务就应当尽可能地由社会组织进行治理。社会组织在其设立目的范围内只要不违反法律和社会公共利益就要积极参与地方治理。通过法律规范和目的控制来防范地方治理中社会组织自身的缺陷，并通过制度革新发挥社会组织在其目的范围内的治理能动性。

（二）司法控制与事后弥补

通过立法进行事前控制仅仅是防范地方治理权力真空的基础。由于权力处于动态行使的过程中，在这过程中就不免会出现法律规定与权力行使实践之间的不一致，加之基于人类理性的限度，立法难以涵括所有问题，在面对市场的自发性和社会组织运行的不确定性时尤甚，因此在地方治理中，"立法滞后于经济和社会实践需要，而法律实施更落后于立法，所以提升执法和司法能力既任重道远，又是当务之急"①。基于此，在事前预防式控制之外还要对地方治理中的权力真空进行事后弥补。这主要通过司法来实现，通过司法进行法律监督，并为民众在地方治理中的权力行使不畅提供事后救济。而在司法层面进行事后弥补时，根据地方治理的内外部形成机制可以分为内外两种控制机制。

---

① 史际春：《地方治理的法治基础》，《广东社会科学》2014 年第 4 期。

首先，通过公民诉讼与公众监督来控制地方治理中中央与地方权力的动态行使。基于权力行使的动态性，中央与地方权力配置的法律规定难以涵盖地方治理中所有的权力行使实践，在法律未能作出明确规定的情况下，根据一切权力属于人民的理念，地方治理的权力真空需要根据民众的权利行使和实现状况予以弥补。这需要赋予民众针对地方治理中因权力配置与权力行使不一致而产生的权力真空的监督与诉讼权利，并通过司法在事后有效监督与救济因地方治理权力真空所引起的民众权力不能有效行使与权利不能充分实现的问题。

其次，通过公益诉讼与专门监督来控制地方治理中市场与社会的不确定性。基于市场与社会的不确定性，立法控制只能有限防范地方治理中因市场和社会组织缺陷所引起的权力真空，并且因为市场与社会的复杂性以及由其引发的地方治理的特殊性，市场与社会治理所引起的权力真空往往具有间接性，不像内部治理那样有直接的权力相关主体，所以只有具备专业知识和公共情怀才能辨识、发现并主张因市场和社会组织缺陷所引发的地方治理中的权力真空与可能的权利救济问题。这需要通过像消费者保护协会等专业机构与王海这样的个人借助专业知识进行专门监督并进行公益诉讼，① 以便于事后弥补因市场和社会组织缺陷所引发的地方治理中的权力真空。

结 语

在全面推进依法治国的进程中，在法治框架下分析并防范地方治理中的权力真空问题，通过立法建构与划定地方治理中相关各方的权力边界，明确各方在地方治理中的权力形态与责任机制，将使各方的权力行使具有法定预期；在此基础上，根据权力行使的目的、地方事务的特点以及治理自身的规律，通过程序理性、公众参与以及司法救济来进一步控制并指引地方治理中权力的动态行使。在立体化的法治防控下，既能够有效防范地方治理中的权力真空，也能够使地方治理有序展开而又不失活力，从而推进地方治理的现代化。

---

① 例如，王海对某介于保健品、食品与药品之间的品牌是否需要被监管所进行的监督。参见于伟等《价格远超黄金的"极草含片"你到底是什么》，《钱江晚报》2014 年 12 月 9 日第 A06 版。

理性与情感的权变策略：底层抗争动员的另一种解释框架

——对"乌坎事件"动员过程的再分析[*]

郭小安[**]

一 问题的缘起及文献回顾

有关底层（弱势群体）集体抗争的方式和策略，美国学者詹姆斯·斯科特（Scott，2011）提出的"生存伦理"（survival ethics）和"弱者的武器"（weapons of the weak）的概念被广泛运用。所谓"弱者的武器"指的是农民反抗的日常形式（everyday forms of peasant resistance），包括偷懒、装糊涂、开小差、假装顺从、偷盗、装傻卖呆、诽谤、纵火、暗中破坏等，以此"与试图从他们身上榨取劳动、食物、税收、租金和利益的那些人之间平淡无奇却持续不断的斗争"（2011：35）。围绕底层抗争策略，国内学术界从不同视角形成了一系列解释框架，如以法抗争（于建嵘，2004）、以理抗争（于建嵘，2006）、以势抗争（董海军，2008）、以身抗争（王洪伟，2010）、以关系网络抗争（石发勇，2005）、以气抗争（应星，2007）、非对抗性抵制（折晓叶，2008）、情感抗争（杨国斌，2011；谢金林，2012）、表演式抗争（黄振辉，2011）等。

随着新媒体时代的到来，社会抗争的研究视角开始从"用什么武器"

---

[*] 基金项目：重庆市社科规划一般课题"网络抗争的情感动员策略与应对"；重庆大学交叉学科重大课题"中国网络抗争的情感动员机制研究"（CQDXWL-2014-Z010）。

[**] 郭小安（1980—），政治学理论博士，重庆大学新闻学院院长助理、研究员、博士生导师，主要研究政治传播。

转向"武器为何有效"上，媒介动员被重点关注。胡衬春（2012）认为表演式抗争是公众利用新闻报道进行"自我赋权"的形式之一，目的是借助媒介力量使事件得到解决。曾繁旭、黄广生、李艳红（2012）认为媒介呈现出了一种阶级化的表演式抗争形象：诉苦文化弥漫媒介之上，农民倾向于"悲情抗争"，媒体通过情感动员建构对读者、对议题的看法，以此获得道德正义。魏伟（2014）试图用"街头行为艺术"解释表演式抗争，他提出的街头行为艺术可以理解成"温和的和策略的"表演式抗争。尹利民（2012）研究上访问题时发现某些上访行为充满表演的特性，并称之为"表演型上访"。陈天祥（2013）直接将制造新闻价值、主动吸引传媒关注的抗争行动称为"媒介化抗争"。董海军（2008）认为，农民工讨薪之所以有效，关键在于讨薪行为的媒介化，这种媒体嵌入的维权抗争具有较强的表演性，可以避免"以死抗争"、"身体抗争"的悲剧色彩，取而代之用一种表演式、戏剧化、娱乐化方式来呈现，以减少无谓的牺牲。吕德文（2012）以"宜黄事件"为例，认为由于媒介动员将政策的内在张力呈现于公众视野，钉子户利用这一政治机遇结构，不断创新了抗争表演，从而使宜黄事件发生了规模转变和极化，最终使事件发展成为一场要求保护弱势群体利益，发动制度变革的专业化社会运动的一部分。黄振辉（2011）提出了"表演式抗争"的解释框架，认为越是个体化抗争越具有表演性、仪式性，越是群体性的抗争则越具有暴力性、实质性，政治、社会、媒体的势能是表演式抗争实际效果的决定性因素。

可见，有关底层抗争的策略具有多元化的视角，既有"弱者身份"的悲情抗争，也有法律手段的理性抗争，还有媒介作用下的表演式抗争，也可以看出究竟选取何种抗争策略是由多种因素共同作用的结果，体现出一定的复杂性和权变性。事实上，从历史发展脉络来看，西方社会抗争（社会运动）理论发展一直遵循两个维度展开：一是以勒庞为代表的情感主义视角，将抗争者视为"群氓"或"挣脱了锁链的民众"，视情感为"正常"个体聚集成群后发生的可怕的心理变态。此后，布鲁默（1946）的循环反应理论、特纳（1987）的突生规范理论、斯梅尔塞（1962）的加值理论、格尔（1970）的相对剥夺理论等，都不同程度地推动了情感在社会抗争中的研究。另一种是理性主义视角，20世纪70年代以来，以麦卡锡和扎尔德为代表，强调社会运动中理性的资源动员取向，认为社会运动是社会主体理性选择的结果，并将研究重心放在社会结构和组织资源上，这种转向导致 70 年代和 80 年代的社会抗争（社会运动）的研究几乎都是遵循理性主义路径，很难见到情感的踪影。20 世纪 90 年代以来，Jasper（2011）、Goodwin（2004）、George（2000）、Flam（2005）、Could（2002）等人重新强调了情感在社会抗争中的作用，除了激情和泄愤外，他们还发现了喜悦、兴奋、悲伤、恐惧、沮丧、羞愧与骄傲，并提出了情感管理、情感转化、情感控制等概念。此外，特纳（2009）还把情感、理性的分析路径与国家政体形式结合起来，并研究了弱民主国家扩散性的愤怒与对抗性社会运动相关性。

　　在中国，对社会抗争的研究也是遵循着理性、情感交替的研究路径。早期的研究主要从事件类型、成因、结果、预防手段等理性角度分析，对情感的关注不够（孙静，2013）。随着研究的深入，越来越多的学者开始反思西方理论在中国的适用性。杨国斌（2011）、谢金林（2011）、陈颀和吴毅（2014）、郭小安（2013）、于建嵘（2009）、王金红（2012）等认为，在中国的网络事件中，网络不仅是信息传播的工具，也是情感交流与情感共鸣的重要场所，情感不单是资源或工具，而且是斗争的动力，最能够激发网民参与抗争的情感是愤怒、同情和戏谑。在抗争策略与剧目方面，吴洁（2012）将网络抗争剧目分为黑客文化干扰、网络抗议、电邮炸弹、虚拟静坐等。谢金林（2012）将网络抗争剧目分为舆论谴责、人肉搜索、舆论审判、网络恶搞、线外集体行动五种类型。陈颀、吴毅（2014）将情感动员策略概括为道德震撼、情感管理、悲情倾诉、正义表演等。

　　总的说来，当前有关社会抗争的动员机制的研究主要集中在社会学和政治学领域，研究视角要么侧重情感，要么侧重理性，而从理性与情感的互动性和权变性切入的研究很少，本文将尝试以"乌坎事件"的动员过程为分析对象，梳理此案例中情感动员、理性动员是如何互动、连接和转化的，以此尝试性地提出一种新的分析框架。之所以选取"乌坎事件"为案例，是因为此事件无论从动员过程还是从事件性质来看，都具有标志性意义。它的动员方式极具中国特色，既有理性的资源动员、以法抗争策略，又有悲情叙事和情感动员，在事件闹大后，组织者与核心参与者们又能做到情感控制，回归理性的路径中来，一方面表达他们对党和政府的支持，对国家的热爱；另一方面也回归到理性谈判中来，使得事情最后没有转化成纯粹的泄愤群体事件，获得了舆论以及上级政府的同情或支持。①
本文将从理性与情感的权变和互动性，来理清乌坎事件发生发展变化
的过程。

二　初始动员：集体抗争中的理性动员策略

从"乌坎事件"的动员过程中，我们发现了情感与理性并未此消彼
长，而是经常相互交织、相互融合。"乌坎事件"的理性过程具体表现在
以下三个方面。

（一）资源动员：物质、时间、知识资源的募集

资源动员理论把社会抗争的参与者看成理性行动者，认为资源的组织
化程度是决定一项运动成败的关键；组织化程度越高，成功的可能性越
大。科塞（1989）认为，社会抗争可以动用的资源有：时间、人员、资
金、有政治影响的第三派势力、意识形态、组织者和沟通系统等。这里的
资源是广义上的，本文用于理性动员的资源是狭义上的，包括物质资源、
时间资源以及知识资源。

在"乌坎事件"中，组织者所募集的物质资源主要用于日常收支，有
过两次规模较大的募捐活动，第一次是9月23日在组织者林祖銮的号召
下的筹款活动。这一活动得到了村民们的积极响应，筹得的10万元用来
医治在维权中受伤的村民。另一次是为日后的集体上访筹集经费。该款项
作为"自愿捐款作上访经费"，每一笔都会开具三联单据，并由捐款者登
记名字，定期在村内妈祖戏台张贴红榜公开账目。这是沿用了村民给村里
的庙宇捐香火钱时贴榜的习惯，这一笔募款前后超过20万元。鉴于乌坎
村民有向各路神明祈福保佑的传统习俗，为了有序管理各类神事活动而成
立的神明理事会每年会按每户人丁收取灯火钱等款项用于各类神事活动，
并会定期公布受捐情况和资金使用状况以接受村民监督。此外，在记者进
入乌坎村进行对外报道时，大量村民自愿为记者提供食宿和生活用品，为
抗争提供了物质保障。

---

①　如中纪委委员、广东省委副书记朱明国对事件的定性是"群众的主要诉求是合理的"、
"大多数群众的一些过激行为是可以理解和原谅的，党和政府不会追究他们的责任"、"乌坎村民
的诉求很简单，提得也有道理，一是土地问题；二是村务不公开，干部贪污受贿"。

在对时间资源的运用上，民众对于两次集体上访行为的时间选择保持谨慎恰当的态度。第一次上访时间为 2011 年 9 月 21 日，恰是碧桂园项目开始动工的日子。民众选择在动工开始的日子上访表达了对村干部与港商陈文清勾结将村内集体土地卖给碧桂园公司这一行为的愤怒与不满；第二次上访的时间是同年 11 月 21 日，这一天不仅是距离第一次上访整整两个月的特殊日子，而且在 87 年前的 1927 年 11 月 21 日，彭湃在陆丰市（乌坎村所在的地级市）成立了中国第一个工农兵民主政权——海陆丰苏维埃政府，在历史发展下这一天不自觉地成了一个敏感的日子，这一天集体上访借助于时间的仪式化进行抗争表达，从而造成对政府施压的最大化。

对知识资源的动员主要体现在组织者的知识素养和对有知识涵养人士的号召力上。2009 年 4 月 3 日，一张题为《给乌坎村乡亲们的信——我们不是亡村奴》的神秘传单的出现拉开了乌坎事件抗争动员的序幕。传单提及近年来村内土地多次外租但村民分红甚少或没有分红，村内存在土地贪污问题，并呼吁全村人问责："试问这样的政府能让百姓信赖、依靠吗？真正的党啊，请给予重视吧！"署名"爱国者一号"的神秘人物并未透露真正身份，只是留下了 QQ 号。传单用村民分红不合理以及村内长期存在的土地问题和贪污问题等客观事实和理性说理来进行抗争动员，体现了核心参与者的知识素养。而且传单内容和呼吁直接指向农民的具体诉求（土地诉求和经济利益诉求），由于这一尖锐的、村内普遍存在的问题与多数村民自身利益密切相关，知识资源动员的效果由最初的 QQ 好友变为千人QQ 群组"热血青年团"。在 QQ 群里他们多次讨论村内土地贪污问题，共同分享着部分村干部贪污受贿的各种证据，并由土地问题延伸至"村务与选举"问题。群里置顶了两个文件，分别是《国际人权公约》和《联合国反腐败公约》，这一方面提高了公众的政治素养，另一方面相关法律和规定也成了抗争合理性的依据。

（二）组织内部动员：参与者的招募

组织内部动员就是动员利益相关者以及核心参与者加入抗争维权队伍中，以此来壮大声势，以避免"搭便车"现象。在乌坎事件中，关于核心参与者的招募主要分为两个阶段：第一阶段是在 2011 年 9 月 21 日集体上访之前"热血青年团"的成立。它作为一个 QQ 群，实现了线上动员和线下行动的功能。但是由于"热血青年团"成员多为年轻人，在村内威信度不够，同时缺乏权威人士引导和"坐镇"，因此由他们领导的9月21日的上访最终演变成了大规模警民冲突。第二阶段是9月22日警民冲突之后，新成立的临时理事会成为核心领导者。由于原村支两委差不多完全失去民意基础和组织功能，临时理事会的成立实际上结束了乌坎村多日的"无政府"状态，并主要发挥对内、对外两方面的功能。一是定期召开村民大会，传达信息并动员全村捐款捐物，整合村内的意见和力量。二是出面与市、镇政府谈判，协商解决乌坎的土地、腐败与选举不公问题，并监督和配合政府工作组的工作（胡英姿，2012）。这一阶段村内的青年团、妇女联合会、老人联合会、宗族理事会和神明理事会等在不同程度上配合临时理事会的工作发挥着动员和组织作用，随后11月21日集体上访的有序进行便是乌坎事件组织动员高明之处的有力证明。之后政府解决乌坎事件过程中，临时委员会和青年团的主干成员纷纷当选为民主选举出的村委会成员。这是民意的集中体现，而政府对村委会选举结果的承认，也是顺从了民意。从体制外跨越到体制内，这些组织领导人的身份合法化也标志着其组织已完成了向官方认可的基层村民自治组织的顺利转换，而组织的合法化（建制化）是其进入公共权力的必由之路，从而也使村民的利益诉求转为治理诉求（胡英姿，2012）。

（三）媒介动员策略：寻求外媒支持

社会抗争（社会运动）需要媒介的支持与配合，一个没有被报道的社会运动就如同一个没有发生的事情（Gamson & Modigliani，1989）。甘姆森（Gamson，1992）认为社会抗争需要媒体三方面的支持：一是动员，即通过广泛的媒体报道能够知达更广泛的支持者；二是确证，即通过广泛的媒体报道来现实自己在政治上的重要性；三是扩大冲突范围，即通过媒体报道将第三方卷入冲突，从而使力量平衡。媒体的报道策略主要有：保持关注、偏向性框架以及同情报道。国内学者孙玮（2008）认为大众媒介在社会运动的功能主要体现在：议题建构、争取支持者、获得大众对运动基本理念的认同、形成有利于运动的社会舆论等，集中表现为"归因"和"表意"的功能。需要指出的是，由于我国媒体结构和性质的复杂，需要对媒介类型加以甄别来研究社会抗争中的媒介动员策略。易前良依据组织化程度的不同，以及媒体与国家体制的距离之远近将其分为以传统媒体为代表的建制性媒体和以手机、互联网等为代表的替代性媒体（易前良、程婕，2014）。他们认为，在国内社会抗争事件中，以报纸、电视为代表的建制性媒体因其自身所受管制较多，由于"政治敏感性"很难介入，事件的发生初期主要依赖互联网、手机等替代性媒体进行动员。从乌坎事件的发展过程来看，在事件的发展初期，国内建制性媒体（传统媒体）并没有深度介入，甚至有部分传统媒体的倾向性报道曾经引发过乌坎民众的不满。9 月 22 日，在陆丰宣传部在汕尾市政府门户网站上发布的题为《陆丰市乌坎数百村民聚集市政府上访》、《陆丰市东海镇乌坎村发生少数村民聚众滋事故意毁坏财物案件》后，得到了部分媒体的转载，这导致了部分村民对相关媒体的行为表现出强烈的不满，转而把希望寄托在境外媒体上①。由此吸引了不少境外媒体派记者进驻村内，其中包括 BBC、《每日电讯报》、NHK、《纽约时报》、台湾东森电视与香港多家电视台与报纸等。在随后的民主选举期间更有接近 30 个中外媒体如法新社、台湾中天电视、NHK、朝日电视台、时事通讯社，也包括中国香港的部分媒体《大公报》、《文汇报》等，不少村民对境外记者表示热烈欢迎和大力支持，村民还借出自家房子让记者暂住或者是休息，借用网络作为发稿之用，甚至在电力中断的情况下，村民们更是临时搭建了一个媒体中心，以便外国记者获得电力供应。在及时获取第一手资料的同时，境外媒体在村民的大力帮助下能够及时将村内信息进行对外报道，从而使乌坎事件成为世界舆论关注的热点。

　　境外媒体报道主要采用了两种策略，一是在事件发生高潮期，媒体进行及时的独立报道将事实澄清，并在推动事件发展过程中发挥作用，努力使底层抗争具有正面意义。例如，德国《图片报》则是以"中国最勇敢的村庄"为新闻标题，进行详细报道；在薛锦波被抓并突然死亡之后，乌坎村为防止与政府间的暴力冲突而封村的情况下，2011 年 12 月 17 日英国每日电讯报记者从村内发出消息称：乌坎村举行村民大会，要求在 5 天内交出薛锦波的尸体，否则将到陆丰市政府进行游行示威。② 媒体深入事发地发出一手信息并及时与外界沟通无疑推动着事件进展。

---

①　陆丰宣传部：《陆丰市东海镇乌坎村发生少数村民聚众滋事故意毁坏财物案件》，载汕尾市人民政府门户网（http：//www. shanwei. gov. cn/160506. html）。

②　《北大 2011 公民社会十大事件出炉：广东乌坎事件 45 票全票通过排第一 乌坎事件始末（附榜单）（3）》，载华讯网（http：//finance. 591hx. com/article/2012-02-20/0000123346s_ 2. shtml）。

　　此外，媒体还试图采用图文并茂和现场直播的方式报道乌坎事件，选用村内最新的照片和村民动态描述事件过程。例如，台湾《自由时报》报道了关于召开村民大会的现场情况，也有村民游行示威的场景；香港翡翠台曾为村民张建兴提供多张照片和拍摄画面，成为自制纪录片《乌坎！乌坎！》的原始素材，用具体可感的形式描述了乌坎的土地故事和他们正在进行的抗争运动。

　　第二种媒介动员策略为"议题建构"和"抗争话语建构"，即突破"就事论事"的阐释框架，将事件上升到公共领域和政治领域的高度，建构成与政府执政和民主政治相关的合理或合法议题，赋予其更大的意义。例如，香港《东方日报》文章指出，乌坎村事件，原本只是村民要求法办贪官并追索征地款的案件，要求合理合法处理，当局做法却倒行逆施，借口"境外敌对势力介入"，不惩贪官反而镇压百姓，以派出上千军警封堵乌坎村，断粮、断水、断电的手段逼迫村民就范，令广东省形象一再蒙羞，连累省委书记汪洋在中共十八大的政治行情。①

　　台湾《联合报》评论称，广东省委书记汪洋将采取惩贪或镇压的处理方式，乌坎村事件的处置或许可视为改革契机，借此整顿吏治、严惩腐败，解决长期土地被盗卖的问题，自然可使民怨平息；反之不仅影响其政绩，也会被解读成中共高层因中共十八大前的大位之争。②

　　《亚洲周刊》更是以一篇长文《乌坎，一个村庄的觉醒》进行深度报道。文中说道：乌坎村民是以勇气与智慧抗争。他们抗争，但充满了朴素的政治智慧。在市政府广场上，村民打出黄色标语旗"反对独裁"，要求民主选举，却在一旁另用红纸写上"拥护共产党"。他们不是暴民，当市政府官员在其后几天进村劝说村民"不要闹事"时，曾指村民"反政府"，但村民只是反对村委会，这是基层自治组织，算不上"政府"。③

　　以上报道中"贪官"、"境外敌对势力"、"改革契机"和"民主选举"等具有政治敏感性的字眼在一定程度上使事件突破地域性限制，转向

---

①　《东方日报：一村尚难治，何以治天下》，载中华论坛网（http：//club. china. com/data/thread/1011/2735/25/22/7＿1. html）。

②　《乌坎事件》，载人人小站——公民（http：//zhan. renren. com/xiandaigongmin？gid＝3602888498001289023&checked＝true）。

③　《乌坎，一个村庄的觉醒》，载中国选举与治理网（http：//www. chinaelections. com/article/587/219585. html）。

与社会公众息息相关的政治生活。这一方面扩大了获取认同和争取动员的广度和深度，另一方面是建制性媒体在衡量政治机遇结构下对抗争事件舆论发展走向的把握和调控。

三　深度动员："闹大"动机支配下的情感动员策略

在社会抗争中，除了理性动员外，悲情叙事、框架共鸣、谣言等情感动员手段也常被反复运用，尤其是在制度化参与渠道不畅通、压力型体制的作用下，理性动员很难引发舆论关注及行动，这必须借助情感动员的方式。

（一）悲情叙事，引起情感共鸣

情感动员是通过个人的感情与他人进行交流和沟通，运用某种相似性情感归因引发内心的共鸣，从而引发公众的悲情、愤怒与戏谑（杨国斌，2009）。正如泰勒（Tarrow，1998）所言，"情感是运动中发挥重要作用的场域，人们借以清楚地表达文化观念和结构性不平等，并且使个人行动之间产生联系作为社会沟通和联结的一种方式"。情感动员可以更深层次地加强人与人之间的联系和亲密程度，尤其是双方因遭受某种伤害和痛苦而处于弱势地位时，"感同身受"和"同病相怜"便可唤起对方的同情和怜悯。情感动员一方面容易赢得对方的支持和帮助，扩大自身影响范围；另一方面也容易引发情绪爆发和集体行动。情感动员首先需要建立一个不公正的框架：情景被界定为不公正的，而不满情绪则转化成要求，而一个社会问题只有进入公共话语论坛的渠道后，积极发声表达诉求，才可能激发抗议活动。在乌坎事件中，年轻村民张建兴（张建城弟弟）与村民"鸡精"（本名吴吉金）等自行拍摄录像编辑成视频《乌坎！乌坎！》或集会相片，通过网络供网民下载发放，向外界表达诉求及寻求网民关注甚至声援。尤其是临时理事会的成员之一薛锦波因心源性心脏病猝死于监狱后，乌坎的大量年轻人（1990年之后出生）利用微博和QQ空间作为传播平台，将薛锦波入狱至死的消息向外界发出，这些信息不仅以文字形式表述，更是大量配图描述薛锦波的照片和村民为他哀悼的情景。薛锦波是村民民主选举出的，他在被政府以聚众滋事名义抓捕后的第三天死于监狱。村民对官方给出的死因——心源性猝死表示怀疑，官民对峙进入了白热化阶段。村内领导在监狱的突然死亡本就极易引起公众对于公正司法的怀疑，加之网友在互联网上情感化的、为薛锦波死亡悲痛的表达更易调动起公众对于乌坎村民的同情和对政府执政的不满。如：

> @健婉：爸爸你是英雄！你的家人也不会是狗熊……我们会坚持，会听妈妈话，会照顾好妈妈的，你放心！可是，我们都好想你！没有你真的不习惯，从没想过爸爸会离开我们……爸爸你什么时候回来！
>
> @健婉：很抱歉！这几天家里大扫除，因为妈妈说："往年这时候，你爸已经把家里布置好等你们回来过年了。现在虽然你爸不知道什么时候回来，但是他喜欢干净，还是要洗一洗的。从今年开始，以后的每一年你爸都不能再替你们做什么了，你们要懂事点，不要让他担心……"
>
> @WK鸡精：全体默哀；两点全民大会，一位11岁小女孩向记者哭诉WK冤屈，村民也一同哭了起来！
>
> @张倩烨：临走前，我又给薛锦波上了香。薛的爱人谈到这个话题时常哽咽，我说我们不要再提了。她说，不管说不说，老公的影子总在这间屋子，每一个物件都有他；她坐的这把椅，就是锦波生前的专位，若锦波在，待客一定更热情。

上述话语是对于薛锦波之死悲情化叙事的部分体现，其中新浪微博名为"健婉"的网友是死者薛锦波的长女，她在父亲死后一周之内多次在新浪微博发表原创话语，上述第一条微博便是其极具情绪化表达对已故父亲的思念之情，并在几天内得到3009次转发和1534次评论。作为当事者的亲人，她的亲身经历和情绪更能够带动公众对于薛锦波之死的惋惜和悲痛。至此，情感动员已经成功地建构了一个不公正的框架，它促进了集体认同，划清了群体边界，也可以突破组织动员的空间局限，尽可能寻求体制外的支援。

（二）利用自媒体借势造势，争取外部支持

社会抗争既需要核心参与者的支持，也需要外部力量的加入，这使得社会抗争的组织者常常面临一个两难选择：如果集体行动的框架严格按照

组织核心成员的特征来量身定做，框架的边界可能因为过于清晰而具有排他性，结果导致核心以外的人难以进入（Mcvergh，2004）。这将会降低支持的广度，所以，在组织动员外，还需要借助于情感动员的手段，建构赢得政治体制内外的行动者广泛认同的"话语"，建构"集体认同感"和"集体行动"框架。在"乌坎事件"中，村民们利用新媒体进行情感动员的方式主要有：（1）QQ群。它为2011年9月21日的上访做了充足的前期准备。对于QQ群的最初使用是在2009年2月"乌坎热血青年团"（后改名"乌坎爱国青年团"）的建立，建群者网名为"爱国者一号"，他在群里上传多份村内土地问题和村干部腐败证据，吸引了大批不满村内现状的年轻人。他们依靠QQ群不断寻找和共享村干部腐败的证据并策划上访行为，成功组织了到省、地、市三级上访行动。（2）手机短信。2011年6月，长年在外地打工的村民杨色茂（43岁）回乡发展，想通过民主选举的方式改变村内黑暗的治理现状，于是他给东海镇镇长黄雄发了手机短信，表明了自身的民主承诺和竞选大纲，此条短信在村内广为流传，极大地增强了村民的上访意志。（3）微博。在集体上访行为演变成警民冲突之后，村民们不断通过微博向外告知"乌坎事件"的最新进展，并配以大量图片和视频，实现新媒体时代公民记者的现场报道。更为重要的是，在官民对峙的白热化阶段，为了防止自己的行动目标被冠上不真实的"标签"，乌坎村民不断通过微博向外界强调"我们只是对土地问题提出抗议，我们是党员、是团员，请政府和媒体不要再夸张我们的性质"，并表明乌坎村民相信中央领导会妥善处理此事。这为后来政府重新认定"村民诉求合理"做了铺垫。（4）网络视频。村民张建兴与"鸡精"等人在事件期间自行拍摄录像并剪辑成视频纪录片《乌坎！乌坎！》，不仅在村内广场的电子屏上滚动播放，更是发送到网络上供网民观看下载，通过真实可感的场景向外界表达自身诉求，寻求网民关注甚至声援。

在新媒体的使用强度方面，乌坎村内的年轻村民几乎每天都在新浪微博、腾讯微博、天涯论坛、QQ空间等网络平台不间断地发布自己的声音，传播事件的最新进展，其中最具代表性的人物当属青年村民张建兴。6个QQ号，8个微博账户，和各种网络论坛的账号马甲……往那儿一站，张建兴就像是一个巨大的移动终端。接收消息、发送消息，视频、音频、文字、微博，一刻不停。乌坎村的消息通过他源源不断传向外界，外界对乌坎的报道也在他那里汇总。村民们戏称他是"乌坎日报记者"、"一个人的乌坎电视台"，或者干脆叫他"乌坎宣传部长"。① 张建兴多年来使用新媒体已积累了一定的经验，不仅会把握信息发布的内容、时间和频率等，更会在 Web2.0 时代下运用互联网与民众进行互动，例如张建兴在新浪博客发布的一篇博文《关于网友，媒体，学者，和律师，我想说些话》中针对网友"唐凯来"的回复：@WK 张建兴：我们那里的问题僵持中，我主要是去取经的。如果去的话，再私信你。张建兴做出了如下回复：回复@唐凯来：我们随时欢迎，来者是客，我发的博文说到的是两方面人，只要你不是另一方面的。② 他对于网友的回复直截了当地表明了自身的态度，既不会向当地政府妥协，又不会与中共和中央政府为敌，话语表达中蕴含着政治立场表述。再如，张建兴（新浪微博名：@WK 张建兴）在新浪微博及时图文并茂地传递乌坎村内的最新消息，阐述并描绘第一手资料，同时也会与相关记者（@新启蒙熊伟）、媒体人（@于建嵘）、村内其他村民（@WK 鸡精、@WK 热血青年）和部分民众进行转发、评论互动。例如：

> @地球 OL 攻略专家 进我村予于微博报道，我代表 WK 村民感谢他，但有谣言称他意图骗取钱财，可我并未见其有此心思，在此，我想说，难得各界网友的关注和支持，我们不能随便听取对方意图分化的谣言，一个地区的时事得以传播，离不开博友们的广泛关注和支持。在 WK 里，网友的支持对我们起到了极大的作用！
>
> 简单地算了一下，有二十几家媒体，附近都不够睡，丹麦，芬兰，以色列，新加坡，8 国，TVB，香港不计其数，哇……世界名村——Wu K∧n

（三）谣言推波助澜，引起情感爆发

谣言与社会动员、底层抗争、政治表达和政治监督有着千丝万缕的联系，在抗争动员中，谣言因其反权力的特性和强烈的抗议色彩对抗争进程

① 《〈乌坎少年〉——乌坎事件始末》，载百度贴吧：暗影长廊吧（http://tieba. baidu. com/p/2550644062）。

② 《关于网友，媒体，学者，和律师，我想说些话》，载"WK 张建兴"的博客（http://blog. sina. com. cn/s/blog_ 5ef6da2e01011yqq. html）。

起到推波助澜的作用。根据谣言的功能——建构、表达、动员、参与等（Bordia & Difonzo，2004），谣言在情感动员中扮演的角色有：虚构身份与情境、围观与造势、舆论谴责、舆论审判、线下动员等（郭小安，2013）。

在乌坎事件中，9月22日的警民冲突的激化与加剧离不开谣言的推波助澜。当大量警力出现在乌坎村口的时候，有一种说法迅速在乌坎村里流传，即政府的这些干警、武警、特警都是香港老板陈文清雇来的，一个人雇用费3000块钱，专门用来对付老百姓、帮助坏人的。这种在政府看来纯属谣言性质的说法，却在乌坎村民的认知里烙下了很深的印记。在这里谣言起到了身份建构的作用，它使政府出警的性质发生变化，被视为港商雇来对付村民的警察成为与村民相对立的身份，从而划分了群体界限。在这种情感下，面对眼前警察对于村民行为的镇压，村民的愤怒情绪更易被点燃。

另外，也是在9月22日的警民冲突中，混乱的人群里有人举了一个白布，上面写着"警察打死两个小孩"（后来查明是子虚乌有）。此时的谣言建构着突发事件中的虚拟情境，"警察打人"、"打死小孩"等与暴力和弱者有关的情境被构建，最易引起公众的同情与悲愤情绪。于是谣言迅速散布到乌坎村内的每个角落时，村民不管男女老少，愤怒都到达了极点，他们与警察的暴力冲突也迅速全面升级，开始冲击乌坎边防派出所，砸毁了六辆警车。

12月11日，羁押在汕尾市看守所的犯罪嫌疑人薛锦波的突然死亡使乌坎事件发展到白热化程度。医院出具的薛锦波死因诊断为心源性猝死，而据其家人反映和病历显示，他此前并没有此类病史。仅仅被秘密抓捕两天就死于狱中，官方发布的死因含糊且并未得到事实认证，此时谣言便作为一种"替代性新闻"填补着信息缺失的空白。诸如"薛锦波在审讯期间遭受严刑逼供，被抓捕的庄烈宏、曾昭亮已死亡，同样指甲脱落，脚筋挑断"的谣言通过惨烈场面描述试图引起人民的同情和愤慨。薛锦波的死因成为"弱者的武器"，村民一方面突出事件的残忍性与戏剧性，建构着自身的弱者身份，以引发人们的同情；另一方面将政府与村民构建为二元对立的身份，通过"弱势"的惨烈与"强势"的嚣张鲜明对比来强化公众对弱者的同情与对强者的谴责。

四　情感控制与理性回归："去敏感化"
策略与正当性诠释

在通过情感动员将事情"闹大"获得关注之后，为实现自身具体的土地和经济利益诉求，村民们又尝试将事件拉回到"维权"、"反腐"和"政府治理"等合法性框架中来，以实现事件"去政治化"和"去敏感化"。这既使得乌坎事件区别于一般的社会泄愤型事件，同时也使其成为中国政治体制内具有具体目标诉求（土地和经济诉求）的民众维权事件。所以不难理解，在长达近半年的"与政府对抗过程"中，乌坎村并未完全陷入到"无政府状态"，而是表现出极强的组织性：临时理事会在整个抗争阶段有效调度村民行动，协调和配合记者工作，保证了生活秩序的一切井然；在与地方当局和警力周旋时，上访行为有秩序有纪律，上访村民听从理事会的指挥和安排，整个过程展现出了极强的组织程度。例如，参与抗议的村民自始至终紧咬住一个"基本点"，即他们并不是要反对中国共产党的领导，抗议的只是当地官员的腐败，他们的矛头直指地方，而不是中央和整个政治制度。他们在集会上经常播放和高唱诸如《东方红》此类的爱党爱国歌曲，并不时高呼"共产党万岁"之类的口号，而村广场上的条幅则大书："我们的民主诉求被描述为非法集会"和"求中央政府救救乌坎"……这些具体的政治行为表现无疑是为自己披了一件"政治正确"的保护服，从而能有力地保护自己免于落入政治上的陷阱，显示出了乌坎村民相当高的组织动员能力和权变意识。

（一）媒体报道的"去政治化"

针对内地传统媒体在事情不同阶段所做的报道，抗争者（村民）表达了截然不同的回应，无论是对于"非正常的打砸行为"定性的抗议，还是对于"村民诉求合理、定将妥善解决"定性的认同，村民的目标和策略较为一致，即将事件置于合法框架之内，实现"去敏感化"，将自身诉求当作一次普通的村民反腐和维权事件，指出此事件绝非是有预谋的、反动的"暴乱"，表现出极大的灵活性和权变性。如前所述，在事件的发展初期，由于《南方日报》、今日关注等部分媒体全文转载了陆丰宣传部发布在网上的新闻通稿，将9月21日的上访和9月22日的警民冲突定性为"非正常的上访行为”和“打砸破坏行为”，这引起村民的强烈不满，他们转而寻求境外媒体的支持，借助于境外媒体的勇于发声和敢于报道为自身争取认同。随着事件的迅速升级，他们转而积极寻求国内主流媒体支持，并通过情感动员手段引起了舆论的广泛支持，国内部分官方媒体如人民网、新华网“肯定乌坎村民大部分诉求合理，具体调处乌坎村土地、财务、干部和换届问题；欢迎群众反映情况，随时倾听乌坎村民的诉求；以最大决心、最大诚意、最大努力解决群众的合理诉求”。此后，村民与国内主流媒体保持着频繁的互动，在面对新华社、中新社等国家级媒体的采访时，他们相当配合，说了一些有利于官民谈判的“场面话”（周裕琼、齐发鹏，2014）①。如乌坎村村民代表曾照贤、曾照荣在此间接受中新社记者采访时称，他们听了朱明国的讲话和看到省工作组的到来后，认为省工作组的态度依法依规、合情合理。他们表示，相信党和政府一定会处理好村民的诉求和乌坎村的问题。②

此外，“乌坎事件”由于国外媒体的介入迅速升级为“敏感事件”，甚至一些敏感的境外媒体和境内分析家将它同将要召开的中共十八大高层人事安排联系起来，津津乐道于它对党内实力派政治人物之间的竞争产生的影响。在事件被高度政治化后，乌坎事件的组织者和核心参与者们敏锐把握了这一危险趋势，试图将事件“去敏感化”：一方面对于国外媒体的勇于发声和敢于报道表示感激；另一方面又与他们划清界限，鲜明地表明自身拥护共产党的政治立场和身份。如@张建兴表示：“我知道国外的媒体对什么感兴趣，但乌坎的目的不是这个。他们的报道里有挑拨的字眼，我就写了一个乌坎拥护政府和共产党的申明，不能让政府误会乌坎，必须说清楚。”@Dreamer：“我们就是简单的土地问题诉求，请市府和各界媒体不要再夸张我们的性质，对于国外声援的朋友，我表示感谢，但我们不希望引起大家的不便，我们是党员、是团员，我们真的只是土地问题。”

针对汕尾市委书记郑雁雄 18 日在网上的一段指责村民利用境外媒体吸引外界对当地局势的关注的视频。（视频中郑雁雄表示，村民们有问题不找政府，找几个烂境外媒体，“只有我们的社会主义国家陷入分裂了，

---

① 《广东要求认真解决乌坎村民合理诉求查处腐败》，载人民网（http：//politics. people. com. cn/BIG5/16666202. html）。

② 《广东省工作组介入乌坎事件 倾听民声解决村民诉求》，载中国新闻网（http：//www. chinanews. com/gn/2011/12-21/3548786. shtml）。

这些媒体才会高兴"。）不少村民发帖证实境外记者乃自发支付膳食、宿费，并立下收据做证，同时在新闻中心旁边张贴了多份中英文《告媒体朋友书》（*To the Media Friends*）作为回应："乌坎村很高兴可以见到这么多的媒体人员，对于我村事件，还请正面报道，避开'起义'、'起事'等字眼，我们不是起义，我们拥护共产党，我们爱国家。"① "不反共"、"爱党"等强烈的字眼将整个事件去敏感化，表明自身只是反对地方某些政府人员而非与政府公开抗争；"拥护中央"、"维护权益"的口号，为事件争取更多合法性资源，实现了事件的"去标签化"，为争取舆论支持提供了更大的空间和机遇。

（二）爱国之情的适时表达

为了回应汕尾市政府"勾结海外势力"的指控，村民们一方面注重澄清事实，澄清外界对于事件的不实猜测和报道，希望海外媒体和大陆传统媒体进行客观表达和正面报道；另一方面，他们也尝试进行自我发声，表明自己拥护国家的政治立场和爱国之情。

首先，他们将事件定性为普通的"维权"，绝非"暴动"和"骚乱"。他们通过各种渠道一再重申：@WK 鸡精："我们不是起义，我们不是反共，我们不是分裂国家，我们是单纯的土地问题"（周裕琼、齐发鹏，2014）。其次，他们进而向党中央求助，争取更高级权力机关的关注与介入。例如，在薛锦波的追悼会上，村民喊出了"乌坎人民冤枉呀"、"请求党中央救救我们"、"青天呀，救救我们"、"中央有青天"、"拥护党中央"等口号。有村民表示：

> 当地政府对我们村民造成了心理伤害，对他们的所作所为我们是忘不掉的。但我们相信我们的省领导，我们的中央领导能处理此事。②

《金融时报》在 12 月 20 日的报道中，描述了乌坎村一位 61 岁庄姓村

---

① 《乌坎事件官民妥协 外媒惊呼不寻常》，载中青在线网（http://qnck.cyol.com/html/2011-12/28/nw.D110000qnck_20111228_1-24.html）。

② 参见《乌坎事件官民妥协 外媒惊呼不寻常》，载搜狐网（http://roll.sohu.com/20111228/n330558123.shtml）。

民的申诉，他说："我们就是希望中央能解决问题，把土地还给我们，这样我们就可以填饱肚子了。"①

这位村民说，他相信党中央会来救他们。其他村民则表达了对当地基层政府的不信任，但仍相信党中央。

> "他们对我们撒了那么多次谎，我们没法相信他们。"一位村民说，"只有最高政府的领导和党中央能够救我们，并且归还我们的土地！"②

根据香港《亚洲周刊》的报道，面对流言，村民杨色茂对香港记者表示：

> 我对中央有信心，（中央）不会采取这么不人道的做法。③

可见，事情发展至此，村民的情感和状态正在逐步进行理性回归。"向党中央寻求帮助"的话语建构将政治空间进一步扩大，并明确表明自身是国家和共产党的一分子，只是由于社会环境内存在的不公和腐败导致自身处于弱势地位，"求助"恰是村民支持党中央和对政府行为寄予厚望的体现。

（三）与政府的理性谈判

从乌坎事件的发展过程来看，基层政府对上访村民采取了打压的态度和镇压的行为，相较之下村民的组织化反抗更为突出，尤其是被捕的薛锦波在拘留期间"猝死"引发舆论高潮，各种谣言在互联网上肆意传播，随时可能导致更大规模、更为严重的冲突。但是，乌坎事件并没有像有些人暗自期待的那样，成为一场浩浩荡荡的"中国之春"的开端，而是慢慢转入到理性谈判之中。12月21日，广东省委副书记朱明国代表广东省委进驻乌坎，这成为事件发展的重要转机，并明确指出"陆丰乌坎村群众的主

---

① 参见《乌坎事件官民妥协 外媒惊呼不寻常》，载搜狐网（http：//roll. sohu. com/20111228/n330558123. shtml）。
② 同上。
③ 同上。

要诉求是合理的，基层党委政府在群众工作中确实存在一些失误，村民出现一些不理性行为可以理解"。值得玩味的是，乌坎村民态度朝着理性的方向转变。他们对于朱明国的到来表达了热烈欢迎，村口路障已全部拆除，村内原先的标语横幅也已清理，取而代之的是写有"热烈欢迎省工作组进驻我村开展工作"的红色横幅。村里的小学生列队两旁，手持小国旗热烈欢迎朱明国等人的到来。林祖銮与朱明国进行秘密会谈，林代表乌坎村村民向省工作组提出了三项要求（释放被捕的村民；归还薛锦波的尸体；承认村民代表理事会的合法性）得到了满意答复。而后，理事会召开村民大会，传达了政府承诺满足三点要求的消息，并宣布取消集体上访的计划。也就在集会的仙翁戏台上，林祖銮对上千名村民说："我们取得了阶段性的胜利！"

此次谈判朱明国代表广东省委答应了抗议村民的主要诉求，其中包括：冻结并彻查村民提出的村干部及政府部门违法出售土地、损害村民利益的房地产开发项目；对抗议领导者薛锦波 12 月 11 日在警方拘押期间猝死一事展开全面调查，交还他的遗体，并释放另外几名因参加抗议活动而被拘捕的村民。更具有破天荒意味的是，当局还正式承认了村民因抗议活动而自发推举产生的"领导委员会"，并承诺对它及所有参与抗议的村民决不"秋后算账"。

可见，临时组织起来的村民并不是自由涣散、弱不禁风的；相反，他们也拥有诸多"弱者反抗的武器"，如悲情叙事、媒介动员、表演式抗争、谣言渲染等。尤其是在新媒体时代，他们能够熟悉利用新媒体工具进行情感动员，寻求舆论的广泛支持，在事件发生转机后，他们又能做到情感控制和理性回归，所以，政府与抗争者双方各自的理性、温和、中道的力量是可以成功合作的。

结语　理性与情感动员的权变：底层集体
抗争一种新的动员模式？

乌坎事件的动员机制体现出较强的灵活性和权变性，从初始阶段对社会资源和核心参与者的理性动员，到发展阶段为了把事情"闹大"所进行的情感动员，再到深化阶段对于事件"去政治化"的理性回归，可以看出，理性与情感并不是此消彼长，而是可以相互融合、相互促进、相互转化的。

　　如果跳出乌坎事件来看，理性—情感—理性的动员脉络可能成为未来抗争动员的新常态，这既和中国特定的社会生态环境有关，也与新时代底层的媒介素养和政治素养有关。由于制度化参与渠道的不畅通，底层民众在进行情感动员之前，往往会先尝试性地进行理性维权活动，如请愿、媒介动员等，在效果不佳时被迫选择情感动员，如悲情叙事、谣言造势等，有时还可能进行表演式抗争，以避免无谓的牺牲。但是当把事情闹大后，如果引导不当，很容易转化成大规模群体性事件；但如果能够理性对话，沟通协商，抗争者也会因势利导，转变策略，最终使事情回归到理性的轨道上来。可见，可控型的社会抗争追求既能够推动权利维护和制度完善，又不至于影响社会和政治稳定，这需要在理性和情感之间保持一个平衡，有赖于外部各种因素的综合作用。

雾霾治理省级府际合作的目标与规划

——以京津冀为例

楼宗元[*] 　钟书华[**]

京津冀雾霾治理府际合作是在新的时代特征、发展理念、社会背景及社会管理、政府管理实践的基础上，在我国公共管理领域出现的新的管理方式、治理模式与运作机制，是一种管理方式创新、体制机制创新、政策工具综合运用的创新。

因此，在国家治理体系和治理能力现代化的背景下，在绿色生态文明建设理念倡导下，在中央着力推进京津冀一体化发展的大背景下，研究京津冀雾霾治理的府际合作，无论在理论层面还是实践层面都有重要意义。

一　总体目标及其分解

（一）府际合作的总体目标

府际合作需要行政主体决策者以整合性思维，借鉴协作性公共管理模式，以府际合作形式构建区域合作网络，提供一个让各方直接交流的平台，多元主体具有平等的地位并就共同关心的问题和公共事务进行协商、合作，达成一致意见并执行；实现政府间合作从科层制到网络制的创新，更好地将区域公共问题和各种利益相关者的呼声反映出来，以对区域公共事务实施联合治理。

---

[*]　楼宗元（1974—），男，浙江义乌人，华中科技大学公共管理学院博士生，研究方向为公共管理。

[**]　钟书华（1957—），男，贵州毕节人，华中科技大学公共管理学院教授，博士生导师，享受国务院政府特殊津贴，研究方向为科技政策与科技管理、公共管理。

　　因此，京津冀雾霾治理府际合作的总体组织与机制目标是：针对和围绕跨界雾霾治理为核心的主题任务，实现理念一致，目标明晰，平台共享，组织有力，步骤稳妥，利益清晰，制度分明，机制创新，保障厚实；做到信息畅达，标准统一，运转高效，分工明确，合作默契，技术先进，层次分明，分工有序，执行有力，协同有效；强调指标量化，责任到人，考核明确，监督有效。

　　根据宏观管理的原理与要求，充分考虑管理架构与层次的优先性和重要性，建成后的合作平台，需开展三个方面的工作。

　　（1）统一编制区域空气质量规划。打破京津冀在大气污染防治上各自为战的局面，将京津冀及周边地区视为一个整体，统筹考虑区域资源环境承载力、大气环境容量等制约因素，划定生态红线，使区域土地开发、城市建设和经济社会发展与区域资源环境等客观条件相适应，提出分阶段推进的区域空气质量改善目标和措施，最终实现区域空气质量的全面达标。

　　（2）统一区域环保标准。环保标准是区域大气污染联防联控的技术依据。受区域经济发展程度差异的影响，京津冀在环保执法标准、企业排污标准、油品标准、产业准入标准等方面存在不同，必须突破这种多标准多政策的局面。

　　（3）统一区域能源供应分配政策。京津冀三地虽各有不同的污染主因，但又有共同的污染源。因此，实现一盘棋治污，就需要摆脱以往所谓"老大优先"思路，从全局出发，科学统筹，统一研究协调解决区域内突出的环境问题，合理确定节能减排任务分配，使各省市获得的支持力度与所承担任务相匹配，取得环境效益的最优化。[①]

（二）府际合作的政策目标

　　自 2000 年《大气污染防治法》[②] 修订并实施以来，大气污染属地主义治理模式一直在发挥着作用，大气污染问题不但没有解决，反而愈加严重、愈加复杂。陶品竹等分析认为，其原因在于属地主义治理模式不符合大气流动的自然规律，也无法避免区域间大气交叉污染和重复治理现象。

---

　　① 　王伟、汤爱学：《京津冀雾霾治理一体化的路径选择》，《中国社会科学报》2015 年第 B05 版。

　　② 　《大气污染防治法》最早于 1987 年通过实施，并于 1995 年和 2000 年历经两次修订，目前正在第三次修订过程中。

同时，属地主义治理模式无法充分调动各方主体治理大气污染的积极性。①

　　建立京津冀大气污染合作治理模式也与国家关于大气污染防治要联防联控的政策规定相一致。国务院、国家环境保护部的相关文件中反复对建立大气污染防治区域联动机制作出过具体要求。2010 年 5 月，国务院办公厅转发的环境保护部等部门《关于推进大气污染联防联控工作改善区域空气质量的指导意见》提出，解决区域大气污染问题，必须尽早采取区域联防联控措施。2011 年 12 月，国务院正式印发了《国家环境保护部"十二五"规划》，明确提出通过大气污染联防联控制度控制区域大气污染问题。2012 年 10 月，环境保护部、发展改革委、财政部联合发布了《重点区域大气污染防治"十二五"规划》。

　　在京津冀，北京市率先启动了新时期大气污染防治的地方立法工作，于 2014 年 1 月通过了《北京市大气污染防治条例》（以下简称《条例》）。《条例》的颁布揭开了我国应对 PM2.5 等新型大气污染物的地方立法序幕。天津市于 2015 年 1 月通过《天津市大气污染防治条例》，突出京津冀大气污染防治协作，建立重污染天气应急联动机制，并于同年 3 月 1 日起实施。而出台于 1996 年 11 月的《河北大气污染防治条例》则明显与实际应用脱节，急需根据新形势新问题补充修订完善。

　　在雾霾治理中，为京津冀三地合作共赢提供机制保障尤为重要。（1）应完善统一的区域生态补偿机制，实行区域大气污染联防联控，不是追求一个地方的利益，而是在实现各个地区的利益平衡中进一步实现区域空气质量的改善。只有在享有环境和发展的平衡中，各地的污染防治积极性才可能被充分激发。（2）应完善均衡的利益共享机制，通过利益共享机制的构建，科学实现三地利益的相对公平的分配、协调，避免出现未受益、先受损的局面，结束北京、天津"一枝独秀"和河北"灯下黑"的历史，这是保持三地合作积极性的重要举措。（3）应构建科学的考核评估机制。京津冀区域联防联控考核评估机制的构建，不仅应包括各地 PM2.5 年均浓度，还应包括对各地大气污染治理措施的长期性、综合性的评估，避免各地为应对考核，采取短期行为，为以后的环境治理埋下隐患。

　　京津冀大气污染治理联合政策制定与立法推进，其正当性和有效性来

---

　　① 陶品竹：《京津冀大气污染合作治理的法治化——基于软硬并重的混合法模式》，国家治理的现代化与软法国际研讨会，2014 年。

源于统一京津冀三地的地方政策的统一性、系统性、平衡性，以及三地的立法目标的一致性，立法和执法的协调与配合衔接。在规则制定上，京津冀大气污染治理府际合作的整体政策修订与联合立法应当具有明确的问题意识，"力求以问题为导向，应努力减少和删除无意义的、宣誓性的、符号化的法条"[①]。京津冀大气污染治理府际合作，联合政策制定与立法推进的一致性源于合理的制度设计，即时间步骤的一致性问题，政策修订和立法目标的一致性，法律责任的一致性。同时，还应进一步完善建立京津冀大气污染治理府际合作中的统一的政策执法机制，注重严格公正执法，旨在真正实现京津冀大气污染合作治理的法治化，即统一执法主体，统一执法标准，统一执法程序，创新执法方式。

（三）府际合作的管理目标

京津冀雾霾治理府际合作管理目标的设置和展开，应特别关注整体性和功能性。

1. 京津冀雾霾治理合作管理平台的归一性

京津冀雾霾治理府际合作，要在基于中央政府充分授权的前提下，京津冀各地政府出于自身需求和意愿，围绕共同的雾霾治理目标，从协作性的治理合作开始，经过实际合作的深入融合，进而形成有充分规划目标、管理权限和执法职能的管理平台，平台具有法定授权的各种行政权力，权力范围覆盖整个京津冀区域，具有阶段性使命。这就是合作管理平台的归一性，是管理目标和结果的最终实体性汇集与指向。

2. 京津冀雾霾治理府际合作管理目标的同一性

力争在京津冀府际合作推进下，到 2020 年，京津冀地区主要污染排放总量显著减少，空气环境质量总体改善，生态系统稳定性增强，环境风险得到有效管控，生态文明制度体系系统完整，生态文明水平与全面小康社会相适应。到 2030 年，京津冀地区空气质量基本达标，生态环境质量全面改善，经济社会发展与环境保护基本协调，生态文明水平全面提高。

3. 京津冀雾霾治理府际合作管理功能的一致性

在大气环境污染预警方面，加强极端气象条件下大气污染预警体系建

---

① 齐萌：《从威权管制到合作治理：我国食品安全监管模式之转型》，《河北法学》2013 年第 3 期，第 55 页。

设，加强区域大气环境质量预报，实现风险信息研判和预警。建立区域重污染天气应急预案，构建区域、省、市联动一体的应急响应体系。在大气环境信息共享方面，促进区域环境信息共享，集成区域内各地环境空气质量监测、重点源大气污染排放、重点建设项目、机动车环保标志等信息，促进区域内各地市之间的环境信息交流和信息共享。在大气环境联合执法方面，定期开展重点行业、企业大气污染专项检查，组织查处重大大气环境污染案件，协调处理跨省区域重大污染纠纷，打击行政区边界大气污染违法行为。①

4. 京津冀雾霾治理府际合作管理考量指标的统一性

府际合作管理对象与管理内容的指标化管理：初步考虑建立以环境质量改善为核心，适应社会新期待、分区分类，突出可达、可控、可预见，约束、预期和引导性指标相结合的规划指标体系，系统反映质量改善、治污减排、生态保护、风险管控、制度建设的要求。包括实施环境质量改善和污染排放总量双控，努力构建全要素指标体系；在设置大气环境质量和总量控制指标的基础上，实现京津冀地区大气治理的全要素目标指标管理，设立京津冀地区全面小康空气质量底线型指标。

5. 京津冀雾霾治理府际合作的管理系统性

在府际合作中，应据京津冀雾霾治理重点区域经济社会发展和大气环境承载能力，制订重点区域大气污染联合防治行动计划，提出重点防治任务和措施，促进重点区域大气环境质量改善。应强化区域分区、分类指导，针对重点区域（流域）、重点领域、重点行业确定差别化的控制要求，应运用新技术进行有效管理。

6. 京津冀雾霾治理府际合作管理目标实现的有效性

综合考虑京津冀地区社会经济发展和环境保护的历史阶段、环境保护和管理工作基础、经济技术可行性以及政府事权、指标的稳定性等因素，把可达可控作为核心，以技术可行、经济可承受、环境质量响应三个角度进行深入分析论证，强调可分解、可评估、可考核，强调目标指标和任务措施的匹配，强调总量指标和质量指标的关联，强调国家目标、区域（流域）目标、省市目标、重点单元目标的衔接。

---

①　汪伟全：《空气污染的跨域合作治理研究——以北京地区为例》，《公共管理学》2014 年第 1 期。

二　治理领域与合作规划

（一）府际合作重点领域的选择

在京津冀，大气污染愈演愈烈的直接原因是重化工业负外部性的溢出。采矿、焦炭、钢铁、水泥、有色冶金等重点工业行业既是拉动河北经济增长的主导产业，也是区域内大气污染物排放的重点行业。河北省内部已形成重化工业的环京津地区"月牙形"产业布局。"月牙形"重化工业产业带涵盖了包括唐山、保定、石家庄、衡水、沧州、邢台、邯郸在内的7个城市。这7个城市重化工业所产生的废水废气成为京津冀污染的主要来源。中科院 2011 年"京津唐区域环境污染调控技术与示范"重大课题成果显示，随着经济社会快速发展，区域环境质量与生态健康正在持续下降，已成为制约国家实施京津冀都市圈发展战略的重要瓶颈。近年来，在二氧化硫和氮氧化物等老问题尚未解决的情况下，臭氧光化学和细粒子等新型污染不断加剧，日益严重的大气污染不仅影响人民身体健康，而且通过干湿沉降深刻影响区域生态环境。京津唐区域每公顷年平均降尘量约 1.2 吨，硫（硫酸盐和二氧化硫）每公顷每年沉降 80 公斤，氮（铵态氮、硝态氮以及气态氮氧化物）每公顷每年沉降 60 公斤，有害重金属每公顷每年沉降 3.3 公斤，多环芳烃（16 种）每公顷每年沉降 0.6 公斤。活性氮沉降量相当于发达国家的十几倍，有害重金属和多环芳烃的沉降量是欧美的几十倍；云水几乎全部显示较强酸性，降水酸度也正在加大。河北重化工密集的生产力布局是京津唐区域内污染物沉降日益加重的主要原因。[1]而侯宇轩认为，目前严重的雾霾与京津冀特别是河北地区大量重工业企业未经过严格环保测评有关。当时由于某些地方政府只注重 GDP 增长，地方保护主义严重，前几年在环保测评上监管不力，"睁一只眼闭一只眼"，致使大多不达标企业仍然照常开工。[2]

雾霾天气形成的罪魁祸首是 PM2.5，而 PM2.5 的来源较为复杂，既有自然来源也有人为来源，其中人为排放为主要来源。京津冀地区的 PM2.5 则主要来自燃煤（34%）、机动车（16%）、工业（15%）、其他

---

①　王喆：《推进京津冀跨区域大气治理》，《宏观经济管理》2014 年第 6 期。

②　唐振伟：《京津冀陷十面"霾"伏 企业违规排污加大治霾难度》，《证券日报》2013 年 12 月 12 日。

（26%），周边地区的外来输送占比较小，为9%。因此，京津冀中长期的空气质量改善措施是：（1）提高燃煤锅炉脱硫脱硝除尘效率；（2）提高燃油标准，提升油品质量（包括河北、天津的油品质量）；（3）建立并完善 NH_3 和 VOC_s 排放标准；（4）完善餐饮业、油印厂、建筑装修和喷涂行业等排放标准；（5）提高农业氮肥使用效率，减少畜牧业氨排放，提高生物质燃料使用效率，杜绝秸秆燃烧。[1]

为推进治理，目前京津冀各地都在根据国家层面的大气污染防治行动计划及京津冀和周边地区实施细则要求，结合自身大气污染源特性制定出台了各自的雾霾治理实施方案。相关重点概括起来便是，河北"减煤压钢"，北京"减煤控车"，天津"减煤改油"。[2]

（二）工业污染废气排放治理的府际合作

京津冀区域作为我国的重工业基地，结构性污染突出，产业布局不合理，由于传统煤烟型污染与区域复合型大气污染并存，导致空气质量与目标要求和公众期盼仍有较大差距。王跃思等人认为，京津冀区域性霾污染形成的首要原因是区域产业结构失衡，电力、钢铁、建筑材料和交通运输的旺盛需求，造成燃煤和燃油污染物的排放大大超过了区域大气负荷，加之不利于污染物扩散的气象条件和地理位置、燃煤和燃油污染物之间的非线性叠加，特别是污染物脱除执行力弱、监管不到位和严重的偷排偷放，使得区域污染日趋严重。[3] 从京津冀晋整个区域看，大气污染的首要因素还是燃煤导致的煤烟型污染。多年来，京津冀晋区域煤炭消费总量持续增长，从2000年的3.16亿吨标准煤增加到2013年的7.35亿吨标准煤，占全国煤炭消费总量的30%。2013年河北省煤炭占一次能源消费比重为89%，高出全国平均水平约25个百分点。在冬季采暖期间，京津冀晋地区大量散煤燃烧后直接排放，污染物浓度贡献率占全年的50%左右。京津冀地区城镇化发展速度快，大量工地扬尘和各种喷涂造成严重污染。

环保部相关专家认为，应继续把工业污染源控制作为未来一段时期总

---

[1]　赵记伟：《中科院专家：京津冀何以成雾霾重灾区》，《法人》2014年第4期。

[2]　郭力方：《京津冀治霾 攻坚战恐成持久战》，《中国证券报》2013年11月6日。

[3]　王跃思、张军科、王莉莉等：《京津冀区域大气霾污染研究意义、现状及展望》，《地球科学进展》2014年第3期。

量控制工作的重点。推动政策环评和规划环评，推进产业结构优化调整。要大力推进清洁生产，发展循环经济，对产业存量实施循环化改造、增量进行循环化构建，壮大绿色经济。逐步收紧排放强度较高地区的总量指标和排污许可总量。要"政企合力、建管并举、奖罚并重"，抓好重污染行业、工业园区管控。基于 PM2.5、PM10 为代表的颗粒物污染持续突出，结合统计基础、技术经济可行性，考虑在电力、钢铁、水泥等重点行业开展烟粉尘总量控制，实施基于新排放标准的行业治污减排管理，把问题突出、影响范围广的区域大点源烟粉尘排放量降下去。为彻底消除其他的工业废气排放污染，专家建议说，石化、包装印刷、工业涂装等行业启动 VOCs 控制工作，鼓励生产、销售和使用低毒、低挥发性有机溶剂，在民用建筑涂料领域全部实现水性涂料替代，限时完成加油站、储油库、油罐车、原油成品油码头的油气回收治理。全面整治燃煤小锅炉。加强化工等行业气性污染物排放的全过程控制和管理，并逐步建立污染物排放总量控制。[①]

《河北省大气污染防治科技工程（2013—2017 年）实施方案》提出，将全面推进焦化行业技术改造，开展火电行业脱硫、脱硝、除尘深度治理，开展钢铁企业全过程污染治理，加大水泥企业脱硝、除尘改造力度，推进平板玻璃企业污染综合治理，提升工业企业无组织排放管理水平。[②]河北省省长张庆伟介绍，2013 年以来全省狠抓工业污染治理，开展了钢铁、水泥、电力、玻璃四大行业大气污染治理攻坚行动，完成脱硫、脱硝和除尘项目 1090 个，新建 155 家重点污染企业在线监测系统。北京市常务副市长李士祥说，北京已制定并下发正在实施的《2013—2017 年清洁空气行动计划》，总投资超过 8000 亿元人民币，聚焦压减燃煤、控车减油、治污减排、清洁降尘四大领域，确保已经确定的 84 项重点任务全面完成，将强化政策引导，严格监管执法，"最大限度减少污染物排放，努力实现空气质量持续改变"[③]。

---

① 王尔德：《环保"十三五"规划编制思路拟定》2015 年 1 月 24 日，《21 世纪经济报道》（http：//finance. jrj. com. cn/2015/01/24041418759772. shtml）。

② 周银久：《河北开启治霾新路径　在科学精准治理上做文章》，《中国环境报》2015 年 2 月 6 日第 1 版。

③ 张建东：《改善空气不能总靠天》，2014 年 11 月 26 日，澎湃新闻网。

（三）农业污染生化排放治理的府际合作

2013 年，京津冀及周边地区中，河北省、内蒙古自治区两地区秸秆焚烧火点数有所增加。天津市、河北省、山西省、内蒙古自治区、山东省等地区火点数分别为 11 个、481 个、407 个、179 个和 866 个。其中，河北省、内蒙古自治区两地区分别比 2012 年增加了 27.6% 和 61.3%。

2014 年 9 月国家发改委公布了《京津冀及周边地区秸秆综合利用和禁烧工作方案（2014—2015 年）》，全面完善配套政策，实现区域整体推进。要求加大秸秆禁烧执法力度，发现秸秆焚烧行为的要责令立即停止，对直接责任人进行教育或处罚。发改委要求，力争在 2015 年，京津冀及周边地区秸秆综合利用率平均达到 88% 以上，新增秸秆综合利用能力 2000 万吨以上；北京市力争全部实现秸秆综合利用；天津市秸秆综合利用率为 90%；河北省秸秆综合利用率为 95%；建立并落实秸秆禁烧考核机制，及时公布并向地方政府通报秸秆焚烧情况，不断强化秸秆禁烧监管。[1] 同时注重加强秸秆资源化利用。

在农业生物化学排放上，环保部专家建议，京津冀政府要齐心协力，综合防治规模化畜禽养殖场污染。调整区域养殖结构和布局，实施禁养区关停，限养区总量控制等措施。持续提升规模化畜禽养殖场清洁生产水平，建设符合区域特点、养殖规模和防治要求的粪污存储、治理设施。贯彻"种养结合"理念，提高畜禽养殖废弃物资源化利用比例。细化相关资金补贴及政策优惠等规定，促进有机肥生产和施用。加强大气 NH_3 防治，开展 NH_3 重点减排技术研究与示范。逐步增加硝酸铵等低排氮肥施用比例，积极开发缓释肥等新型肥料。畜牧业养殖改用低氮饲料，加强废物快速收集、覆膜堆肥等。[2]

（四）生活污染煤烟排放治理的府际合作

生活用煤成为京津冀雾霾趋重的污染源头之一，其中主要是散煤用户。在京津冀地区的城乡接合部和农村地区，有众多在生活、生产中使用

---

[1]　《关于印发〈京津冀及周边地区秸秆综合利用和禁烧工作方案（2014—2015 年）〉的通知》（发改环资〔2014〕2231 号）

[2]　王尔德：《环保"十三五"规划编制思路拟定》，2015 年 1 月 24 日，《21 世纪经济报道》（http：//finance.jrj.com.cn/2015/01/24041418759772.shtml）。

散煤的用户，具有分布广、排放检测不到位、污染治理难度大且利用效率低下等特点。据新闻报道："在冬季采暖期间，京津冀晋地区大量散煤燃烧后直接排放，污染物浓度贡献率占全年的 50% 左右。"① 资料显示，北京 PM2.5 中重金属砷浓度达到日均浓度中位数为 23.08 纳克/立方米，是砷的国标限值的 3.85 倍。燃煤排放是大气中砷的主要来源之一。2011 年，河北煤炭消费占京津冀地区全年燃煤总量的 80%。

　　京津冀三地在合作中，应不断完善京津冀及周边地区大气污染防治任务与资源分配机制，科学统筹天然气等清洁能源对河北的供应分配。在国家明确要求河北削减煤炭消费 4000 万吨的情况下，河北天然气约有 60 亿立方米的缺口无法落实。应协调神华集团统一给河北农村供应优质煤炭，从根本上改变河北的能源结构。同时，建议地方政府负责建设配煤中心，按照"建得成、管得好、用得起"原则和"县建设、镇配送、村使用"模式，有效解决广大农村用煤污染问题。②

（五）交通污染尾气排放治理的府际合作

　　京津冀地区机动车保有量持续增加。2012 年年底北京机动车保有量为 500 万辆以上，天津机动车保有量为 200 万辆以上，河北省机动车保有量每年新增 100 万辆以上，且呈加速增长态势，2011 年年底达到 1450 万辆，排全国第 5 位，这些机动车排放的二氧化硫、氮氧化物等 PM2.5 细颗粒物成为雾霾天气的主要来源。王跃思说："城市堵车的时候车速慢，发动机温度低，催化剂根本不起作用，温度达不到，二次燃烧燃点达不到，基本上排放的就是有害的尾气。"③ 河北省环保厅数据显示，机动车氮氧化物排放量占全省的 32.36%。崔建生的研究表明，河北省大中城市超六成污染源于汽车尾气，机动车污染已超过工业污染，成为河北省大中城市雾霾、酸雨和光化学烟雾等大气污染频发的主要原因之一。④

---

　　① 郭薇：《京津冀晋 4 地空气质量与公众期盼仍有较大差距》，《中国环境报》2014 年 8 月 22 日。

　　② 杜军玲、杨朝英：《京津冀联动堵疏结合治霾 民建中央建言京津冀地区空气污染治理系统工程》，《人民政协》2014 年 3 月 3 日第 017 版。

　　③ 唐振伟：《京津冀陷十面"霾"伏 企业违规排污加大治霾难度》，《证券日报》2013 年 12 月 12 日。

　　④ 张钊兴、俊华、周迎久：《"十二五"末淘汰所有黄标车》，《中国环境报》2012 年 5 月 10 日第 1 版。

京津冀地区对机动车污染防治的府际合作，在严控城市机动车保有量基础上，立足综合整治机动车大气移动源，从全面推行机动车环保标志管理入手，加速"黄标车"淘汰进程，推进提高车用燃油品质。北京市已执行相当于"欧五"的、"京五"机动车排放标准，天津市和河北省也应提高原有标准。同时大力推广天然气汽车，据测算，与传统汽车相比，天然气汽车在空气中排放的一氧化碳减少97%，碳氢化合物减少70%，氮氧化物减少40%。随着天然气使用技术的成熟，京津冀地区应率先大力推广天然气动力汽车，以减少污染物排放。

同时，三地对于汽车号牌摇号与单双号限行的限制性政策，也要考虑三地协同乃至同步，加强交通管理管制，体现公共管理的一致性和对民众的便利性。当然，更主要的还是推进城市立体公交系统（公交、地铁与城市轻轨等）建设，打造便捷、经济、舒适的城市公共交通运输网络，激发市民自发公交出行，减少城区私家车的使用。①

三 推进步骤与时间节点

（一）酝酿合作期（2014—2015年）

在酝酿合作期，京津冀各方初步达成共识，开始互动，为共同治理目标达成合作意向，合作重在以双边和多边协议方式为主，机制以领导人开会和拜访协商形式，有意向搭建共同框架，重在遏制雾霾的凶猛势头。在此基础上，在中央政府与国家相关部委指导下，成立京津冀大气污染治理领导小组办公室，仅作为议事机构，开始研究和酝酿合作治理雾霾的各种政策措施。

在酝酿合作期，核心问题是实现治理理念的统一。治理区域大气污染会影响到京津冀三地的税收财政，因而在治理政策协调上，京津冀三地政府间的"共容性利益"偏弱，利益诉求不一。同时，污染治理协调机构构造简单，临时性较强，缺乏权威性。尽管构成成员庞大，但是小组的具体职责不甚明确，小组也不是一个常设机构，属于会议导向型，通过开会来决定具体行动。另外，其依附性较强，尤其向下依附的特征明显。如下图

---

① 环境保护部、国家发展和改革委员会、财政部：《重点区域大气污染防治"十二五"规划》，2012年12月5日，中央政府门户网站（http：//www.gov.cn/zwgk/2012-12/05/content_2283152.htm）。

所示，小组下设办公室，而具体协调联络则由北京市环保局下的一个处来负责，鉴于联络机构的级别和协调能力，其具体运行必然存在诸多困难和挑战。

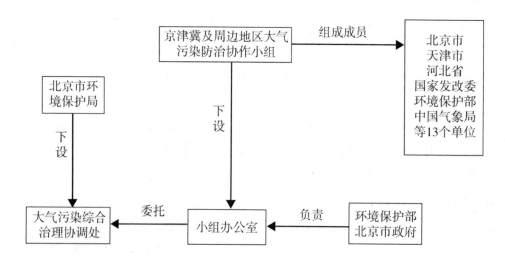

京津冀及周边地区大气污染防治协作小组构成及运行图

京津冀现在的区域大气污染联防联控机制尚处于探索和尝试阶段，自然存在诸多不完善之处。具体表现在：（1）我国现行大气治理模式滞后。长期以来对大气污染的治理以行政区划为主，尽管这种属地模式有助于地方有针对性地防控区划内大气污染，但在处理区域性、复合型大气污染时缺乏整体性规划。（2）政策信息共享机制不完善。一方面，缺乏相应法律法规的支撑；另一方面，在整个区域，缺乏更加全面的一网监测系统。监测点位仍显不足，区域环境空气质量监测指标仍然不健全，横向上京津冀三地之间的数据实时共享系统仍处于探索阶段。（3）损益补偿机制的缺乏。利益在区域政府间大气治理政策协调机制逻辑构造中，处于核心地位，利益既是地方政府进行政策协调的驱动力，也是地方政府进行政策协调的目的。然而，现实中京津冀三地政府并没有建立起相应的大气治理损益补偿机制。具体的京津冀区域大气污染治理协调机制探索历程如下表所示。

因而，各地治理大气污染的积极性较低，尤其是经济发展相对落后的河北省。总之，京津冀区域联防联控机制根基尚浅，无法近期内实现协同治理的美好愿望。

京津冀区域大气污染治理协调机制探索历程

阶段	时间	政策或事件	主题
经验积累阶段	2008 年	北京奥运会	成立由环保部和北京市政府牵头的跨行政区领导小组，签订协议，制定政策、统一执行
	2010 年	《关于推进大气污染联防联治工作改善区域空气质量的指导意见》	借鉴北京奥运会经验的基础上，建立区域大气污染联防联控的协调机制，以确保上海世博会和广州亚运会的空气质量良好
深化研究阶段	2012 年	《重点区域大气污染防治"十二五"规划》	建立统一协调的区域联防联控工作机制，在全国环境保护部联席会议制度下，定期召开区域大气污染联防联控联席会议
	2013 年	《大气污染防治行动计划》及《京津冀及周边地区落实大气污染防治行动计划实施细则》	成立京津冀及周边地区大气污染防治协作机制，并由区域内各省（区、市）人民政府和国务院有关部门参加
具体落实阶段	2013 年至今	京津冀及周边地区大气污染防治协作机制会议	京津冀及周边地区大气污染防治协作机制正式启动

（二）框架合作期（2016—2017 年）

根据京津冀雾霾治理"三年有好转"的目标愿景，框架合作期的工作目标和机制与即将出台的"十三五"期间《国家环境保护"十三五"规划》同步。京津冀各方在基本共识基础上，进入框架性制度性合作，各地政府配合开始有了主动性，三地政策的配套性开始体现，注重通过系统性来控制雾霾的进一步发生发展，相互配合开始探索性介入解决雾霾根本性问题，研究雾霾产生的政治、经济和社会运行的内生性原因。在此阶段内，京津冀及周边地区空气质量明显改善，重污染天气大幅度减少。

这就意味着，京津冀地区必须将生态治理与生产、生活方式的转型和欠发达地区的开发等结合在一起，因而京津冀跨区域雾霾治理机构在职能上具有一定综合性。另外，在我国行政管理体制下，京津冀跨区域雾霾治理机构必须具有较大的行政权限，否则难以协调区域内各方面的利益冲突。综合来看，要在相对较短的时间内实现京津冀地区生态环境的明显改善，管理局模式或许是一个较好的选择。

同时，在具体职责上，目前跨区域雾霾治理机构的具体职能主要通过立法、规划、协议等方式来确定，其中以立法方式最具强制性。鉴于京津冀地区雾霾治理协调难度较大，这里强调通过国家立法形式来确定该雾霾治理机构的权限和职能，这意味着京津冀地方政府必须移交一部分权力给该机构。具体来看，京津冀跨区域雾霾治理机构主要按照兼顾效率和公平原则进行统一决策、统一管理和统一协调。应建立"统一规划、统一监测、统一监管、统一评估和统一协调"的联防联控的区域合作工作机制。[①] 其中，统一决策主要指为京津冀区域雾霾治理设定统一的目标和行动规划，并且在法律、法规上采用相同的标准，避免地方政府变相放松生态保护标准来谋求地方利益。统一管理则是在雾霾治理中按照相同的标准进行监管与监测，统一监管主要是保证雾霾治理强度上保持统一，避免集团行动中"搭便车"行为的出现；而统一监测则是通过信息公开的方式来实现地方政府间的相互监督，也便于对地方政府绩效考核。统一协调主要包括两个方面，其中共享信息和基础设施主要是从效率角度避免区域内雾霾治理工程的重复建设，提高投入效率；而财政补偿机制则主要是基于公平原则，针对雾霾治理成本在空间上分配不均的现实，探索和制定由受益地区向受损地区通过财政转移支付、技术产业援助、对口扶贫的方式来进行补偿，是实现雾霾治理与生态治理同步实施中的区域公平。[②]

（三）深入合作期（2018—2020 年）

根据京津冀雾霾治理"五年大转变"的目标愿景，深入合作期的工作目标与机制与届时验收的"十三五"期间《国家环境保护"十三五"规划》后半阶段一起进入成果总结、验收期。2020 年全国环境质量还难以全面改善，全面小康环境要求只能是基本型小康。因此京津冀合作治理中深入合作期的明确目标，就是全力完成反映全面小康社会建设基本要求、社会公众可以接受、具有环境基本公共服务性质的大气环境底线指标，因

---

① 环保部：《进一步推动跨省份跨区域大气污染联防联控工作》，2013 年 2 月 5 日（http：//www. hbzhan. com/Product_ News/Detail/75992. html）。

② 韩兆柱、单婷婷：《基于整体性治理的京津冀府际关系协调模式研究》，《行政论坛》2014 年 4 月。

为这是全国"十三五"期间不能后退的最低要求。

深入合作期，府际合作开始步入各地政府的治理意愿、共识一致，经过中央政府的支持与三地的有效协商，合作的管理和组织机构开始有力运行，合作机制顺畅，开始进入组织运作有力、信息共享、政策同步、管理协同、监管有力的合作润滑期，总体上合作群策群力的局面基本成形。合作运行中的各种利益纠葛和矛盾分歧一般都能顺利解决。雾霾产生和扩散局面被有效控制，其原因根子基本上被锁控，京津冀的区域雾霾治理开始步入深层问题的切入、关键问题的实质攻坚。在此阶段内，开始逐步消除重污染天气，这是"托底"和不容突破的工作目标。在这一合作期，京津冀空气质量将有全面的明显改善。

在京津冀整体性府际合作组织机构的基础上，针对雾霾治理，一种政治上相对平等、经济上和产业上优势互补的整体性与网络状相结合的府际关系新型模式基本上构建完成，三地政府雾霾治理的多边交流与协作被有力促进。在深入合作期，京津冀府际合作的治理层级高度整合，搭建透明的信息管理平台，构建行政区域内部的交流、沟通、谈判以及信息共享机制，基本能够化解行政区内信息不对称带来的无序竞争。在此期间，在合作平台与机制的有效运行和带动下，京津冀三地的网络状府际关系基本成形，地方政府能够实现跨区域间的分权与合作，构建京津冀区域联合体，对京津冀区域重大问题进行协调，由雾霾治理府际合作牵动的京津冀整体性制度协调模式开始出现。

（四）良性合作期（2021—2030 年）

在前期努力的基础上，府际合作进入良性合作期。良性合作期的工作目标与机制，与中国政府在 2030 年基本实现带领全国人民奔小康同步，预期能顺利实现京津冀区域社会与居民的生态文明成果与大气环境质量也具有"小康"以上层次。

雾霾产生和扩散局面稳步进入根除阶段，京津冀的区域雾霾治理进入对深层问题的切入、关键问题的实质攻坚后的收尾阶段。在此阶段，重污染天气基本消除，开始有序进入对中低度雾霾天气的深入追踪式治理；空气质量将有根本性好转。良性合作期的雾霾治理府际合作，体现在京津冀三地政府理念一致，整体利益观有效统一，各地齐心协力，雾霾治理的合作平台和机制组织严密、配合默契、运转高效，政策高度协同，管理效果明显。在高效合作机制运行下，针对雾霾产生的原因根子在被锁控基础上，开始从根本上进入逐一消除阶段。

在京津冀整体性府际合作组织机构的基础上，三地政府雾霾治理的多边交流与协作被有力促进。因为联合雾霾治理，一种政治上相对平等、经济上和产业上优势互补的整体性与网络状相结合的府际关系新型模式构建完成并高效运行，在良性合作期，京津冀府际合作的治理层级高度整合，多层管理平台透明高效。在此阶段，在合作平台与机制的有效运行和带动下，京津冀三地的网络状府际关系开始有效运行，由雾霾治理府际合作牵动的京津冀整体性制度协调模式开始成熟。京津冀区域联合体，可顺利对京津冀区域重大问题进行协调，并在规定时间内达到预期治理的目标效果。

（本文撰写过程中，许多专家学者提出了很好的咨询意见，提供了许多珍贵的资料。这些专家学者是：原国家环保总局副局长、清华大学张坤民教授，北京航空航天大学经管学院教授、瑞典皇家科学院院士吴季松，清华大学环境学院王灿教授，中国环境科学规划研究院王金南教授，天津市发改委沈亚威先生，河北省大气办吕纹女士，北京市大气办李丽鲜女士，湖北省环保厅兰国祯先生等，在此一并致谢！）

"后撤并时代"被调整乡镇的治理困境与创新策略

——基于广东的实证研究

刘志鹏*

自 1998 年起,我国开始乡镇机构改革,2001 年正式展开大规模的乡镇撤并工作,2009 年之后乡镇撤并工作基本结束,我国乡镇治理开始进入"后撤并时代"。在本轮乡镇撤并运动中,全国撤并了近 1/3 的乡镇,广东共撤并了约 1/4 的乡镇。乡镇撤并具有广泛而深远的意义,成就显赫,但也产生了不少问题,为被调整乡镇的地方治理提出了特殊挑战,个别乡镇矛盾尖锐并由此引发了群体性事件,如 2011 年 6 月广州郊区增城市新塘镇发生震惊中外的"新塘事件",而新塘镇正是在此轮乡镇撤并运动中由 5 个镇合并而来的广东省最大中心镇。因此,近年来又有极个别乡镇进行了调整,如广州新塘镇在发生"新塘事件"后,于 2012 年又被一分为三。类似情形在湖北、辽宁等省也有发生,如湖北省广水市 2004 年撤销李店乡,后因治理失序多次引发群体性上访事件等原因而于 2011 年重新恢复该乡建制;吉林省四平市下辖的双辽市向阳乡虽然于 2005 年被吉林省正式撤并,但此后仍挂靠在其他乡名下以"黑户"的形式长期存在①。由此可见,如何正确对待乡镇撤并,防范和解决好建制调整所带来的乡镇治理

* 刘志鹏(1976—),男,湖北省广水市人,华南师范大学政治与行政学院副教授、博士,主要研究基层治理问题。

① 王立三:《黑户向阳乡》,《瞭望东方周刊》2009 年第 39 期。

困境，通过一定的策略选择实现乡镇治理的变革与创新，促进被调整乡镇的繁荣与发展，是一个值得认真对待的问题。近年来，我们针对广东部分地区就撤并后的乡镇治理问题进行了调研和反思，在此基础上形成本文，以求对此问题的管窥之见。

一　新一轮乡镇撤并：宏观背景与基本历程

新中国成立以来，先后多次进行乡镇改革与撤并。改革开放以来的首轮乡镇撤并浪潮肇始于1986年。1985年全国共有乡镇91138个①，1986年随着农村改革的深化开始大规模撤并乡镇，10年内减少了一半左右的乡镇。改革开放以来的第二轮大规模乡镇撤并浪潮起源于20世纪末，并在21世纪掀起高潮。

20世纪90年代中后期以来，我国不少乡镇政府面临较多困难，许多乡镇区域面积小、城镇规模小、人口少、财政收入少，乡镇机构臃肿，人员普遍超编、人浮于事，行政成本偏高，部分乡镇经济规模总量小，经济发展规划不统一，产业布局不合理，导致发展缺乏后劲。特别是随着农业税费的逐步取消和农村管理体制改革的逐步深化，部分乡镇财政债务剧增、收入剧减，农民负担沉重，乡镇政府处境日益艰难。如原广东省惠州市博罗县蓝田镇，全镇总人口不足6500人，人均年收入只有区区3000余元，但镇政府工作人员则有60多人，其中正式在编人员32个，而超编人员和临时工却比正式人员还多，严重的人浮于事。该镇属于典型的山区农业型乡镇，几乎没有工业，全镇每年财政收入不到10万元，但维持镇政府基本运作的开支每年却超过60万元，属于典型的"吃饭财政"。类似乡镇无论是在广东还是在全国都不在少数。塞缪尔·亨廷顿说过，"在当今迅速发展变化的社会环境中，组织唯有通过经常性的自我调整和革新，才能保持自身的一体化进程和履行社会职能"②。我国乡镇面临的种种困难使得乡镇改革势在必行。

为了精简政府机构、减轻农民负担，1998年我国正式开始乡镇机构的

---

① 国家统计局：《中国统计年鉴（1997年）》，中国统计出版社1998年版。
② ［美］塞缪尔·亨廷顿：《变化社会中的政治秩序》，上海人民出版社2008年版。

改革，当时也有些地方进行了乡镇撤并，但主要是中西部，规模也不大。2001年，中央进一步提出，有条件的地方应适当撤并小的乡镇，当年民政部会同有关部门联合下发《关于乡镇行政区划调整工作的指导意见》，对全国各地的乡镇撤并工作进行指导，由此掀开了全国新一轮大规模撤并乡镇的浪潮。1998年，全国共有乡镇46400多个，到2003年则减少到38316个，五年时间撤并了8000多个乡镇，平均每天撤并超过4个乡镇，其中2001年一年就撤并了5090个；到2009年全国乡镇进一步减少到34172个。截至2011年12月31日，全国共有乡镇33272个。从2000年年底到2011年年底，全国乡镇数量从45667个减少到33272个，共减少12395个，撤并率达到27%。2000年以来全国乡镇数量以及撤并情况如图1、图2所示。①

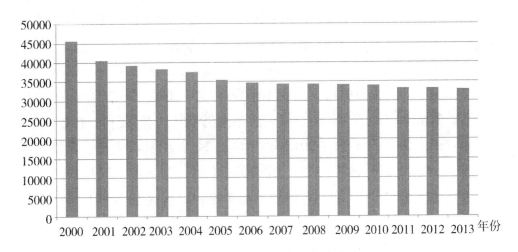

图1　全国历年乡镇数量统计

① 这里文本和图1的2000年以来全国乡镇数字均来源于民政部公布的历年《中华人民共和国行政区划统计表》，图2数字由作者依据民政部数字计算而来，见民政部区划地名司中国行政区划网（http：//www. xzqh. cn/）。值得注意的是，国家统计局的全国乡镇数量统计数字与国家民政部统计数字有一定出入，考虑到民政部作为全国行政区划主管单位，其统计应更具权威性，这里采用了民政部的数据，数据截止日期为2013年12月31日。2014年的全国数据民政部尚未公布。此外，依据我国现行地方政府实际类型划分与民政部的统计方式，本文所指的乡镇具体包括乡、镇、民族乡、苏木、民族苏木和区公所，后四种类型是特殊类型的乡镇，但不包括街道办事处。截至2013年年底，全国实有11626个乡、20117个镇、1034个民族乡、151个苏木、1个民族苏木和2个区公所。

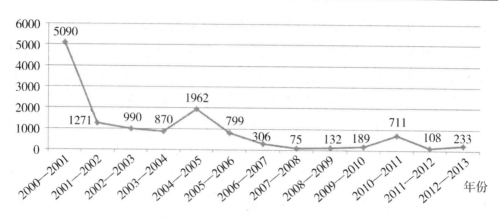

图2　全国历年乡镇撤并数量统计

鉴于全国乡镇撤并已经取得重大成就、基本实现原定目标，2009年中共中央办公厅、国务院办公厅转发了《中央机构编制委员会办公室关于深化乡镇机构改革的指导意见》，决定转移乡镇改革的工作重心，停止大规模的乡镇撤并。至此，我国范围内的大规模乡镇撤并工作基本宣告结束，乡镇治理步入"后撤并时代"。但随着新型城镇化战略的推进，乡镇撤并工作并未完全停止，新的撤并仍在不断发生，仅2009—2011年的两年间，全国乡镇数量又减少了900个，可见近年来仍不断地有省份在进行小范围的撤并乡镇。例如，江苏省2012年撤并了24个乡镇，该省连云港市在2013年年初又撤并了22个乡镇，调整削减幅度达到该市乡镇数量的1/4。2014年年末至2015年年初，陕西省韩城市也将以前的10个镇撤并了4个镇，撤并力度达到40%。

二　乡镇撤并的广东样本：进程与成效

广东省在第二轮乡镇撤并前原有乡镇1588个，平均规模102平方公里，平均人口3.8万人，其中3万人以下的乡镇有754个，占全省乡镇总数的47.5%；有153个乡镇的人口不足万人。2001年，广东省委发布《关于调整我省乡镇行政区划的通知》，决定撤并15%左右的乡镇。

广东乡镇撤并改革的总体原则是撤小并大、撤弱并强、以中心镇带动一般镇，但具体做法则是根据地区情况的不同而适当有所差异，实行因地制宜。具体来说，符合下列条件的乡镇将会被撤并：珠江三角洲地区面积45平方公里、人口4万人以下的乡镇；粤东地区面积50平方公里、人口

3万人以下的乡镇；粤西地区面积55平方公里、人口2.5万人以下的乡镇；粤北地区面积70平方公里、人口1.5万人以下的乡镇。此外，全省无论哪个地区，只要是面积30平方公里或人口1万人以下的，也应被撤并。按照这一标准，广东应有238个乡镇被撤并。但实际上，仅2001—2003年间，广东就已经通过新设合并、吸收合并、撤镇设街道、撤镇设社区等方式撤并减少乡镇245个。截至2004年年底，广东省总共撤并乡镇391个，撤并率达24.6%，比原定目标多撤并了153个，超额完成了预定目标。与此同时，全省还撤并村（居委会）1498个，撤并率达9%；撤并中小学5153所，撤并率达18.27%。

总的来说，广东省的乡镇撤并工作基本达到预期目标，取得如下成效。

一是精简了人员和机构，节约了财政开支。乡镇撤并前，乡镇数量过多、干部超编严重、内设机构庞杂，造成政府运转成本过高，并直接转化为农民负担过重。乡镇撤并后，乡镇数量和内设机构都得以大大减少，人员得以大幅精简，行政成本大幅下降。如县级台山市共撤并了8个乡镇，减少了一半镇委、镇政府人员，每年可节省非生产性开支超过2000万元。清远市是广东省撤并力度最大的地级市。该市撤并前有乡镇143个，其中1.5万人以下的乡镇有40个，万人以下的"麻雀"乡镇有22个，2001—2002年两年间，清远撤并了63个乡镇，撤并率超过40%，全市为此共调整安置了基层干部2000多名（见表1）。清远市清新县由原来的23个乡镇撤并为9个，撤并率达60.9%，成为广东省本次乡镇改革撤并力度最大的县。清新县乡镇领导班子成员由原来277人减少到174人，减幅近四成。该县将原禾云、沙河、鱼坝3个乡镇合并为一个镇，撤并前3个镇政府机关每月的行政运行成本合计需要59万元，但撤并后平均每月只需50万元，减幅达15.3%。清新全县撤并后的乡镇行政总成本只有588万元，比改革前减少237万元。清远全市通过乡镇大撤并后每年可减少行政运行成本3000万元以上。

表1　　　　　　　　广东省清远市被撤并乡镇一览表

县、市、区	清城区	清新县	佛冈县	英德市	连南县	连山县	连州市	阳山县	合计
原有乡镇数（个）	7	23	12	33	12	12	22	22	143
被撤并数（个）	4	14	6	10	5	5	10	9	63

续表

县、市、区	清城区	清新县	佛冈县	英德市	连南县	连山县	连州市	阳山县	合计
现有乡镇数（个）	3	9	6	23	7	7	12	13	80
撤并率（%）	57.1	60.9	50	30.3	41.7	41.7	45.5	40.9	44.1

二是优化了资源配置，增强了乡镇集中管理力度。我们的调查显示，乡镇撤并改革有效配置了农村资源。我们此次的调查对象共涉及 10 个县市的 15 个乡镇，其中 13 个镇的问卷数据反映出此次乡镇撤并在有效配置资源方面的优势。以茂名市电白县龙山镇成效为例，村民普遍反映乡镇撤并后村里公共场合设施变得更加人性化，例如修建了休闲广场，公路两边增设了路灯以及候车亭方便村民出行，村里开始增设垃圾回收站回收村民日常生活垃圾等。电白县博贺镇按照"调整、扩充、优化、提高"的思路，整合教育资源，推进规范化学校建设，全镇撤并学校 4 所，撤高留低学校 6 所，保留义务教育规范化重点建设项目学校 7 所。其中，镇城区内撤销二小、三小、博美小学，拆除渔中、镇中心小学围墙，把 5 所中小学合并改建为义务教育九年一贯制学校。此外，清远市也在这次乡镇撤并中撤并了一批"麻雀"学校，使教育资源配置得到进一步优化。

三是集中了财力物力，促进了中心城镇健康发展。改革前各乡镇之间发展水平差异大，有的乡镇经济发达、发展较快，有的乡镇则经济落后、发展缓慢。乡镇数量多而规模小，不仅不利于规模效益的发挥，还容易产生资源的重复配置和浪费，限制了乡镇经济发展。通过这次乡镇撤并，调整后的乡镇可以相对集聚各种资源，适当调整经济结构，实现优势互补，达到共同发展。广东的普遍做法是"以大并小"，即将邻近较小的乡调整给中心镇，从而可以较好地改善部分地区集镇布局分散、条块分割严重的状况，有利于增强中心镇的调控能力，最大限度地优化中心镇周边的经济结构，实现区域共同发展。对此村民是普遍认可的，大部分村民认为乡镇撤并整体上促进了乡镇经济的发展。如在佛山市南海区，经过数年的发展后，原划入新的镇街的小镇多数已经驶入经济发展的"快车道"，成为当地举足轻重的"明星"。2005 年 1 月南海区划调整后，原盐步、黄岐、大沥街道办合并成大沥镇，三镇合一时的 GDP 总量刚过百亿元。乡镇合并之后，新大沥镇及时调整发展思路，依托广佛黄金走廊，以集散型商业流通业及传统的有色金属加工为主导产业功能特色，以都市型工业为辅助，迅速做大做强。2006 年，大沥镇 GDP 迅速攀升，达到了 213 亿元；2012 年，大沥镇 GDP 更是超过了 400 亿元，比合并之初翻了三倍。

三　"后撤并时代"的乡镇治理：困境与挑战

总的来说，乡镇减少、机构减少、干部减少的"三减"是广东省乡镇撤并改革取得的最大成效，全国其他地区也大体如此。大规模乡镇撤并后，被调整乡镇在治理过程中形成了不同类型，包括融合共赢型、磕绊磨合型、貌合神离型等，总体运转良好。但由于种种原因，运动式的大规模乡镇撤并也留下了不少后遗症，在对怎样强化村民认同、优化农村社会服务、加强农村基层政权建设和方便农民生产生活等方面则考虑欠周全，给经过调整后的新乡镇的基层治理带来新的困难与挑战。

（一）居民对新乡镇认同度低下，乡镇治理面临新阻力

乡镇撤并主要目的之一是规范乡镇管理、促进乡镇发展、提高村民生活水平。[①] 然而我们的调研结果显示，被调查居民对新乡镇的认同感普遍不高，部分居民甚至仍然拒绝承认所在乡镇被兼并的事实，依旧以原乡镇村民自称。有村民这样阐述：在毫无预警的情况下，突然知道所在乡镇被撤并，就好像把中国跟其他国家合并了一样，感觉原所在地是被抛弃、被忽略的，感觉很难舍，心里充满不情愿。村民这个比喻或许不恰当，却真实地反映出被撤并乡镇居民对新乡镇的态度。调查数据显示，仍有 61.7% 的被撤并乡镇村民习惯自称为原乡镇居民，有 34.4% 的村民有说不清楚的感觉，仅有不到 4% 的人明确以新乡镇居民身份自称。认同感低下的影响之一就是涉及撤并的乡镇村民之间会出现一些歧视和排斥现象，不利于乡镇的有效治理与社会和谐。我们的调查发现，57% 的村民认为被调整乡镇居民之间或多或少存在歧视和排斥现象，认为不存在歧视、排斥现象和说不清的分别为 8.6% 和 34.4%。乡镇撤并改革宣传力度不够，被撤并乡镇居民在情感上难以一时接受，势必会导致被撤并乡镇村民难以接受被调整后的乡镇政府管理，新乡镇政府在原乡镇所在地开展工作遭遇一定阻力。

---

①　徐勇：《现代国家的建构与农业财政的终结》，《华南师范大学学报》2006 年第 2 期。

被调整后的乡镇政府所采取的新的政策或措施，很有可能因被撤并乡镇村民的抵制或不配合而遭受失败。这种心理上的抵制情绪如果一直得不到解决，不仅影响新政府职能的发挥，也会影响当地经济发展和社会稳定。如在佛山市南海区，沙头跟九江历史上就分分合合很多次，两地居民素有摩擦，沙头镇并入九江镇 8 年后，两地居民还是或多或少有一些隔阂，前几年还为龙舟比赛而发生斗殴。在南海三镇合一后的新大沥镇，镇政府一名工作人员曾发现过一个怪现象，如果一场活动在黄岐举行，根本拉不到大沥的企业去赞助或者前往；而如果一场活动在大沥举办，盐步的商人们也不会参加。这些都反映出乡镇撤并后居民的心理认同仍然不高（见图 3、图 4）。

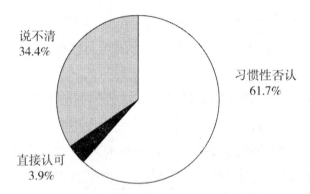

图 3　村民对新乡镇居民身份的认同情况

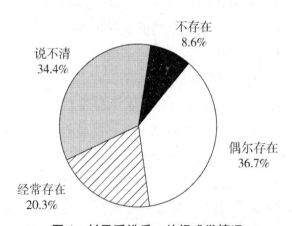

图 4　村民受排斥、歧视感觉情况

（二）村民利益受损，引发干群新矛盾

乡镇撤并带来的利益受损问题包括各种建设开发项目与资金的流失。

由于我国扶贫、农田水利、农业开发、招商引资等各种资金和项目通常都是以乡镇为主体进行，乡镇撤并前，每个乡镇都具有主体地位、可能申请到项目，乡镇撤并后，原来的几个乡镇合在一起以一个主体申请项目，成功的机会自然不如以前多，即使申请成功了，也是大家一起分配，份额自然不如以前。特别是近年来国家实行了大量惠农政策，乡镇的撤并使得被撤并乡镇原本有机会享受的惠农政策要么打了水漂，要么打了折扣。如湖北省广水市 2005 年撤销李店乡后，每年至少有 200 万元的项目资金得不到扶持，2005—2011 年近 6 年仅卫生项目就有上百万元。类似情形在全国各地都不少见。就广东省而言，清远市撤并力度最大，因此遗留问题也最多。我们通过对清远被撤并乡镇的回访调查发现，清远市存在着一些其他被撤并乡镇并不存在的问题，那就是被撤乡镇村民福利和利益保障。如被合并的寨南镇自身矿产、小水电资源比较多，镇上这些水电站、矿场等每年都会缴纳一定的税费给地方政府，为地方公共设施建设和公共服务提供资金。但乡镇合并后，这些费用就要缴纳给新政府，新政府管理范围更大，这些费用就不能完全提供给原来乡镇作为公共设施和公共服务的资金。村民认为这些原本属于他们自己镇的财政收入，现在合并后需要与新的乡镇去分配这些福利，接近 60% 的村民对此表示不满；有村民反映乡镇合并前，政府人员承诺要给村民建设一些公共设施（如安装路灯、体育设施等），但合并后新政府不承认原政府文件，没有履行相关承诺，村民觉得被骗了。以上因改革出现的种种利益受损问题，使被调整乡镇的村民认为政府并没有尽到应尽的责任，在情绪和心理上都存在一定的抵触性，导致新的干群关系紧张。

（三）经济建设此强彼弱，基础设施建设不均衡

新乡镇政府成立后，面临的一个突出问题就是小城镇的建设问题。一方面，被撤乡镇政府驻地原有的市政公用基础设施和建筑如果处理不当，就会造成大量的闲置、浪费；另一方面，新乡镇必然会加大对中心镇的基础设施建设，有意无意放松或忽视对被撤并乡镇所在地的基础设施管理和维护，导致被撤并镇区道路桥梁、园林绿化等公用设施遭受破坏、无法更新。同时，因被撤并乡镇城镇化水平本身比较低、基础设施条件差、工商业和农业欠发达，随着乡镇撤并后行政中心的转移，原镇区常住人口必然会相对减少，人气一散而商机有限，必然会导致经济发展的萎缩。如我们

调查的清远原寨南镇村民反映，乡镇未撤并前，寨南的公共设施如篮球场球架坏了马上会有人维修，撤并后坏了却久久未见有人维修。又如饶平县将该县北部山区的九村镇、建饶镇、新丰镇、上善镇、上饶镇5个乡镇合并为2个，撤销了3个乡镇。但该地区山大林密、地广人稀，基础设施本来就不好，随着九村、建饶、上善这3个被撤乡镇所在地政治地位的下降和经济功能的弱化，上级政府对其基础设施的投资和管理都大大减少，原有的基础设施都已经破败不堪。其他被调查乡镇的村民也普遍反映，原乡镇政府撤销或迁走后其驻地周围日益冷清，商户经济效益下滑，一些经营者不再固守经营多年的阵地。有些乡镇在被撤并前为繁荣集镇经济，出台了一些优惠政策，许多村民积极响应，但等这些农民钱投了、房盖了，镇政府却被撤销了，原来镇政府承诺的优惠政策也就无法兑现了，村民最终落得竹篮打水一场空。我们发现，超过半数的被撤并乡镇居民对被撤并后的镇街公共设施建设不满意。

（四）公共服务功能弱化，农民生活受到一定影响

乡镇撤并后，被撤并乡镇的政府机构在一定时期内被分别撤销或搬离，大量的公共服务机构也随之搬走，特别是一些与农民生产生活息息相关的机构如民政办、畜牧办、邮局、银行、卫生院等也被合并、撤销或搬离，导致被撤并乡镇公共服务大为弱化，给农民生活增加了很多不便，一些乡镇出现行路难、就医难、上学难等新困难。[1] 这种情况并非广东仅有，在其他省份也较为普遍。如在湖南城步县白毛坪乡信用社，有一部分种粮、种油菜、养猪补贴，沉睡一两年都无人前来领取。该乡的壮团园村，村民来镇里办事需往返140里，加上公路不畅通，要用两天时间，所以农民有补贴都不愿来领取。我们的调查中，被撤并乡镇村民也普遍反映以前到原乡镇政府办事很方便，现在跑到新乡镇政府去办事要麻烦很多，因此有38.1%的村民认为到乡镇办事没有以前方便，并有29%的村民认为乡镇撤并后公共服务质量变差（见图5、图6）。特别是当前我国农村的一个显著特点就是留守老人和儿童规模庞大，简单的乡镇撤并给这个特殊群体的生活带来了很大的困难。由于农村交通不便，大部分地方出行的主要交通工具是摩托车和自行车，对于被撤并乡镇的老人和儿童而言，原本简单的

---

① 党国英：《乡镇撤并基本完成，实际效果还须检验》，《人民论坛》2006年。

事情就要变得复杂很多。原来几十分钟就可以办好的事情，现在可能要花上一整天甚至更多的时间，耗费大量的人力和物力，几十元钱的补贴要付出一整天或更大的代价，给村民增加了不必要的开支和负担，导致很多留守老人放弃领取政府补贴。这些都在一定程度上损害了乡镇政府在村民中的形象。

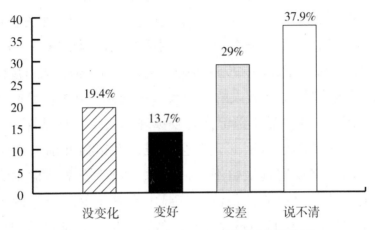

图 5　村民对乡镇撤并后的公共服务质量评价

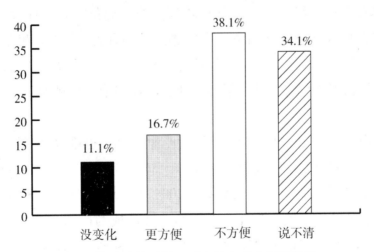

图 6　乡镇撤并后村民到乡镇办事方便性情况

（五）乡镇治理半径扩大、管理难度增加，农村社会治安变差

乡镇撤并后，被调整乡镇的管理半径普遍比以往大大增加，管辖的区域面积扩大、人口规模增加、村居委会增多，但乡镇治理的技术和资源却未必得以明显改善，管理效率难以提高。管理半径扩大化带来的直接影响

就是地方治理难度的增加，难以对乡村社会进行有效管理，并容易导致农村治安恶化。由于乡村规模的扩大，乡镇政府及村级组织也"离农民群众越来越远了"，出现"离农化"的倾向。① 如清远市清新县将相邻的龙颈、珠坑、石马、石坎、南冲 5 个乡镇精减合并为一个镇即龙颈镇，合并后的龙颈镇总面积达 583.7 平方公里，总人口 11 万多人，全镇下辖 36 个村委会、4 个居委会、777 个自然村；2003 年茂名市电白县以"大镇并小镇"的撤并方式将爵山镇并入电城镇后，电城镇总面积达 109 平方公里，总人口 135708 人，下辖 5 个居委会和 28 个村委会。这两个镇一个属于粤北，一个属于粤西，都属于经济欠发达地区，交通落后，但其人口规模都在 10 万人以上，远远超出 2.46 万人的全国乡镇平均人口规模。我们在这些地方调研时发现，不少乡镇干部都抱怨乡镇规模太大、难以管理、工作效率难以提高，光是集中村干部开个会都难，乡镇撤并前还经常走村入户，现在则因为路途遥远最怕下乡，乡村出现治安案件也无法及时处置。如原电白县爵山镇的社会治安状况本来就不好，经常发生打架斗殴、偷窃赌博等事件。该镇被撤并后，新镇政府所在地电城与原爵山镇政府所在地相距几十公里，由于镇政府对村、组服务管理的半径过大，一旦爵山发生治安纠纷，很难及时调解、处置到位，当地居民对此意见很大。在吉林双辽市原向阳乡，当地居民忧心忡忡，"近百里地没政府，抢劫都没人管"。为此，一些地区被迫在乡镇之下分片设置"管理区"之类的派出机构以作权宜之计，但因欠缺合法性并背离乡镇改革初衷而备受质疑。

乡镇规模扩大化，不仅给乡镇治理带来困难，也难以满足居民的公共服务需求，引起群众不满甚至引发群体性事件。广东乡镇撤并后出现的最大镇是广州市下属的增城市新塘镇，2004 年，增城市东南部的仙村、永和、宁西、沙埔 4 个镇一起并入新塘镇，从而成为广东省最大的中心镇。合并后的新塘镇共有面积 251 平方公里、人口超过 70 万人，其中户籍人口 20 多万人、外来人口 50 多万人，下辖 16 个居委会和 71 个村委会、500多个自然村，GDP 占增城全市一半以上，2011 年完成工农业总产值912.66 亿元，成为名副其实的"超级大镇"，被誉为世界"牛仔之都"。

---

① 项继权：《中国乡村治理的层级及其变迁——兼论当前乡村体制的改革》，《开放时代》2008 年第 3 期。

新塘镇以一个镇完成了内地一个地级市的产值并管理着超过一个县规模的人口，虽然在经济发展方面取得了巨大成就，但在政府公共服务和社会管理方面却因管理半径和人口规模过大等原因而显得心有余而力不足，服务管理能力严重不足，"一条腿长一条腿短"、"小马拉大车"，在地方治理特别是社会管理方面逐渐暴露出许多漏洞。2011年6月11日，新塘镇大墩村发生严重的群体性事件，震惊中外。"新塘事件"的发生有着深刻的多重原因，是新塘镇合并后地方治理面临困境的集中体现。广州市意识到"超级大镇"的治理难题后，终于在2012年又重新将新塘镇一分为三，肢解为二镇一街。

四　"后撤并时代"乡镇治理的策略选择：变革与创新

乡镇撤并不能简单地一撤了之，乡镇撤并后被调整乡镇的公共治理面临一系列新难题。只有变革乡镇治理方式、实现乡镇社会治理创新，才能够充分发挥乡镇在建构现代国家治理体系中的作用，促进乡镇走向"善治"，实现新型城镇化。对此，我们认为可以采取如下策略选择来实现。

第一，要加强宣传，增强村民对乡镇撤并的心理认同。就被撤并乡镇而言，村民心理上一时难以接受自己所在乡镇被撤并，内心的情感可能会影响他们对改革的正确判断。向社会多宣传、争取社会的广泛关注和支持，撤并乡镇才有可能达到事半功倍的效果。加强对撤乡并镇的宣传，阐述为什么要调整乡镇行政区划、撤并乡镇应该注意的问题、所坚持的基本原则等，一方面可以让群众清楚地了解撤并乡镇的利弊，从而稳定民心，更好地保证被调整乡镇工作的开展；另一方面，也可以让群众树立大局意识，对各项建设能做到心中有数，做出正确的判断，消除村民心理隔阂，促进村民之间的心理融合，增强村民对乡镇撤并的心理认同。

第二，要保障居民权益，改善乡村关系、干群关系。对于被撤并乡镇，相关项目计划和扶持资金的安排不应该简单撤销，应保持其原来享受的扶持项目和发展政策的相对稳定性，并适当给予倾斜照顾。同时，要充分尊重居民群众的意愿，坚持群众路线，切实解决因乡镇撤并而带来的生产生活困难。政府要努力落实各项惠农政策，原有的福利和其他保障以及经济发展政策不能因为乡镇撤并而取消，给群众的承诺应当尽力兑现。有关部门应采取必要措施和政策，避免因乡镇合并而减少各种扶持项目，消除乡镇撤并带来的不利影响。

第三，要加强乡镇经济发展，重视基础设施建设，加强原乡镇驻地管理。要统筹兼顾，科学定位，构建适合县域经济发展的城镇结构体系。当前应当结合新型城镇化建设和社会主义新农村建设，采取切实措施，减少乡镇撤并带来的冲击，大力扶持和壮大本地的特色产业，促进本地经济又好又快发展。要通盘考虑调整后各乡镇之间的经济联系，在更大的范围内实现资源共享和基础设施共享，有效发挥中心集镇在农村经济发展中的"龙头"作用，增强其辐射力和影响力。同时也不能够削弱边远乡镇政府的有效管理与自我发展能力，促进乡镇的均衡、协调发展。尤其是在乡镇撤并后，新政府对原乡镇政府驻地的基础设施建设不能不闻不问，而应当理顺小城镇建设管理体制，保护好、利用好原乡镇政府驻地已有的基础设施，并根据实际情况加强基础设施建设，进一步为当地的经济发展和居民生活提供更为便利的条件。要把原有镇区的建设管理作为乡镇事务的重要工作内容并纳入绩效考核范围，以保持建设管理工作的连续性和稳定性，安排一定的力量具体从事基础设施建设和镇容镇貌的日常管理，建立起政府统一调控、村居委会具体负责和职能部门共同协管的乡镇城镇管理体系，保持被撤并乡镇驻地的繁荣与稳定。

第四，要强化公共服务和社会治安综合治理，建立新型基层服务型政府。乡镇政府要提高社会管理和公共服务水平，加快建立"行为规范、运转协调、公正透明、廉洁高效"的行政管理体制和运行机制。根据乡镇工作性质和实质，及时更新行政理念、改进工作方式，突出公共服务主题，做到寓管理于服务，推动乡镇政府职能转变和乡镇治理方式的现代化。在转变职能的基础上，以提高行政效率、降低行政成本为重点，为农村提供公共服务和公共产品，大力发展公共事业和公益事业，如农田水利基本建设、农村道路建设以及文化、教育、卫生、医疗、养老等事业。特别是要把原有镇区的建设管理和对当地居民的公共服务作为合并后乡镇政府工作的重要内容之一，并适当恢复部分中小学校、银行、邮电等公共服务组织，在被撤并乡镇驻地设置便民服务点方便被撤并乡镇的老百姓，真正实现乡镇政府从"权力本位"向"责任本位"转变，从"官本位"向"民本位"转变，建立新型的服务型政府。由于合并之后乡镇管理范围扩大，需要政府整合配备各种社会服务管理资源，推动公共资源下沉和管理重心下移，向乡村基层延伸服务管理职能，形成各种力量的"合力"来服务管理、让群众就近受益的网格化乡镇社会治理的新局面。同时，加强治安管理、推动警力下沉，有效防范和及时化解农村各类纠纷和矛盾，为乡镇创建良好和谐、安全有序的社会治安环境。

儒家实学的治理思想及其现代价值初探

杨华祥* 杜志章**

儒家实学主要是指明末清初以来的儒学发展形态，以顾炎武、黄宗羲、王夫之、方以智、颜元、戴震等人为代表的思想家，一方面痛感于理学的空谈误国，在深刻总结宋明两代亡国原因的基础上，倡导儒学的黜虚返实，形成了以元气实体、经世致用、实事求是为特征的实学思潮，也开启了儒学内部自发形成的近代转型；另一方面，明末清初和清末民初这两个时期，中国士大夫又必须面对和回应两次西学东渐对传统文化的冲击，在此基础上也迫使儒学对资本主义萌芽的现实基础和西方文化的冲击进行正视，因而提出了一系列适应近现代社会生活的思想。虽然此一进程，因为中国近代以来的革命化进程和近乎全盘西化的现代化运动而被忽略，但是当今天中国学习西方现代化出现了诸多食洋不化进而难以向前推进的时候，我们反身而诚，来梳理儒家实学的相关治理思想，也许会对纾解这种困境有某种积极的参考价值。

一

如同儒学内部"尊德性"和"道问学"的分化一样，儒学的治理思想也存在孟学与荀学的分野。儒学在孔子时代基本上是仁智合一的，后来演化为孟子"尊德性"与荀子"道问学"两种路径，客观上很难简单评判孰优孰劣。就治理思想而言，孟子从性善论出发，主张从个人修养的内

* 杨华祥，武汉轻工大学马克思主义学院副教授，南京大学哲学博士。
** 杜志章，华中科技大学国家治理研究院副教授。

在超越出发，开启了道德治世的道路，同时孟子又强调社会分工和民本主义；而荀子从性恶论出发，主张隆礼重法的外在规范的治理道路，但是荀子同时也强调"化性起伪"，通过教育来促使人向善。汉唐时期基本上主要采用以荀学为主的治理模式，宋元明清则主要采用以孟学为主的治理模式，应该说两者的产生都有其合理性，但是发展到了佛教所说的"异和灭"的晚期阶段的时候，其局限性就逐渐凸显出来。宋明理学到了明清之际，由于亡国之痛，思想家更是从文化救国的角度来思考和矫正理学思维模式下国家治理中出现的问题。

（一）从道德治世到科学经世的治国理念转变

明清实学家改变了理学家那种空谈道德来治世的观念，开始向实事经世和科学经世转变，改变了理学时代那种格心穷理、脱离现实生活的治国方式。实学家们指出宋明理学本质上乃是阳儒阴释，朱熹哲学来源于佛教的华严宗，而阳明心学来自禅宗，儒学也逐渐变成了空谈义理、不关注现实人生的僧侣主义。王夫之就指出佛道与理学都"立体废用"，毁弃人事，毁弃人性，离欲而别为理，将道德本体化进而空谈道德，丧失了儒家经世致用的传统，最终遗患于国家，酿祸于生民[①]，因此提倡要三教相分，要回到儒家"依人建极"的人本主义道路上来。在实学家看来，理学那种类似佛道通过合眼并手而得到的格物穷理只是一些虚幻的，无法实证、无法实测的镜花水月，主要乃是限于宗教、道德以及文艺等领域，而对于政治、经济、军事等实际事物了无所知。正如李塨所说："汉后二氏学兴，宋儒又少闻其语，于是所谓存心养性者，杂以静坐内视，浸淫释志，将孔门不轻与人言'一畏性天'之教一概乘反，处处谈性，人人论天之外，以孝悌忠信为行，注经论道为学，独于孔门之礼乐兵农、执射执御、鼓瑟会计，忽焉不察，以为末务，又诱之于小学已失而道置之。……率天下之聪明杰士尽网其中，以空虚之禅悦恬然于心，以浮夸之输墨快然于手。自明之末也，朝庙无一可倚之臣，天下无复办事之官。坐大司马堂，批点《左传》，敌兵临城，赋诗进讲，其习尚至于将相方面、觉建功奏绩俱属琐屑，日夜喘息著书，曰此传世也，以致天下鱼烂河决生民涂炭者。"[②]

---

① 《读四书大全说》卷八。
② 《恕谷后集·与方买皋书》。

这种在"尊德性"治理模式下，就出现了对"闻见之知"的忽视，知识和科学被看成是无足轻重的东西，也因此导致了国家的积贫积弱，这种空谈误国的状况在晚明体现得极为明显。读书人都清谈孔孟，不屑于外在的事功，后来又演变为官场生态，导致了"宋儒辨析毫厘，终不曾做得一事"①，在金戈铁马的少数民族面前，"平时袖手谈心性，临危一死报君王"，丧国之痛促使他们对理学进行深刻反思。这种反思的结果一个是从理论上完成了从"理一分殊"、"心外无理"到"理在气中"、"理在事中"的转变。王夫之指出宇宙的本质就是太虚，太虚的本质就是气，"阴阳二气充满太虚，此外更无他物，亦无间隙"，②阴阳消长是一切事物变化发展的原因，那种将本体与现象割裂开来的做法，那种舍弃地火水风而求真空长寂，"人不资气而生而于气外求理，则形为妄而性为真，陷于邪说矣"③，这实际上走出了理学空谈道德治世的怪圈。朱舜水更是指出理在事中，仲尼之道就在布帛粟菽、彝伦日用、衣食住行之间，那种"彼厌平淡而务空虚玄远者，下者心至颠蹶，上者亦终身沦丧已尔"，使"圣人之道绝于世"④ 这种转向对于国家治理可以说居功至伟，重新凸显了实事和科学的重要性，才真正奠定了国家强盛的文化根基。而促使科学治世思想形成的另一个转变主要得力于西学的影响。

第一次西学东渐，自利玛窦 1582 年入华，1772 年雍正开始驱逐传教士，到 1793 年英国特使马嘎尔尼在北京见到最后一个传教士钱德明，持续了 200 多年时间，传教士也达到了 400 多人，对中国的文化影响很大。虽然他们传教的目的最终因雍正时期的宫廷教案而遭到失败，但是其科学知识和精神却给中国的文化带来了新的生机。徐光启、宋应星、徐霞客、方以智等人都对科技的重要作用有深刻认识，可惜这些认识仅仅局限于少数知识分子，并没有改变整个中国的现状，直至鸦片战争之后第二次西学东渐才开始成为整个社会的潮流。

徐光启就认为宋明以来的科学技术的衰废主要表现为数学的衰落，由于理学、佛道以及象数学的神秘主义使得中国自身的科学技术缺乏精确的表达和严密的逻辑推理，"算数之学特废于近代数百年间耳。废之缘故有

---

①　见德川光国辑《朱舜水文集》卷九《与安东守约书》。

②　《张子正蒙注·太和篇》。

③　同上。

④　《朱舜水集》，中华书局 1981 年版，第 561 页。

二：其一为名理之儒士苴天下之实事；其一为妖妄之术谬言数有神理，能知来藏往，靡所不效。卒于神者无一效，而实者亡一存，往昔圣人所以制世利用之大法，曾不能得之士大夫间，而术业政事，尽逊于古初远矣"①。不仅影响到科学技术，甚至连政事都萎靡不振。利玛窦更是明确提出科学知识和技术是保国本的关键，他说："夫为国为政，必熟边境形势，外国道里远近，垠地广狭，乃可以议礼宾来往之仪，以虞不虞之变。不尔，不妄，惧之必轻之矣。不计算本国生耗，出入钱谷之几，无以谋其政事，自不知天文，而恃信他人传说，多为伪术所乱荧也。农人不豫知天时，无以播植百嘉种，无以备旱干水溢之灾，而保国本也。医者不知察日月五星序次，与病体，相视乘和逆顺，而妄施药为针砭，非徒无益，抑有大害。故时见小恙微疴，神药不效，少壮多夭折，盖不明天时故耳。商贾懵于计会，则百货之贸易，子母之入出，侪类之衰分咸晦混，或欺其偶，或受其偶欺，均不可也。"② 以几何为代表的科学技术乃是国之大事、安危之本，可惜的是这种振聋发聩的呼喊，只得到了徐光启等少数人的响应，徐光启在此基础上提出了"本业富国"和"强国正兵"的治世主张。他抛弃了那种整日高谈道德而轻视技艺的"经生"之业，对于以前甚为擅长的诗赋书法，悉屏不为，专门钻研那些被所谓"君子"不屑的天文、兵法、屯、盐、水利、农业、工艺、数学等，而且后半生几乎用全部精力致力于此。宋应星、李时珍、徐霞客等都在科学探索方面做出了很大贡献，甚至方以智还提出了"质测（自然科学）、通几（哲学）、宰理（社会科学）"的划分理论，强调了质测之学的重要性，可惜的是这种文化上先行并没有改变政治上的落后，直到鸦片战争才真正开始打破天朝大国的迷梦，渐渐从"师夷长技"演变到科学技术是第一生产力的治国理念。

（二）从君主专制到民本君客的政治理念转变

摩尔根在谈到古代社会的时候曾经说到每个文明在产生形成的初期都曾经出现过原始民主制度，只是后来因为历史以及环境等多方面的因素演变为专制、民主和民本等形态。直到现在都有很多学者还在攻击传统，说传统不能孕育出民主和科学，他们对传统的认识一方面是停留在只有封建

---

① 《刻〈同文算指〉序》。
② 《译几何原本引》。

专制这个固定的模式里面，不知道有所谓三代的禅让制度，也没有了解过明清实学家对君民关系的深刻认识；另一方面他们也没有认识到或者不愿意承认民主制度本身所具有的局限。明清实学家在这方面的认识，在今天看来都是非常具有参考价值的。

首先是从历史的考察和逻辑推演的角度否定了皇权至上的理论基础。黄宗羲就从经史考证的角度出发，认为最初的君主乃是跟广大民众一样的"曳木之人"，乃是为广大民众兴公利、除公害的，没有任何的特权。正因为以自己的无私和大公换来天下老百姓的信任，老百姓才爱戴他，把他"比之为父，拟之为天"，这是一个"天下为主，君为客，凡君之所毕世经营者，为天下也"①的时代。如果他们不为老百姓着想，老百姓随时可以抛弃他去拥戴自己喜欢的君主，就如同尧舜禹的传承是传贤不传子一样，君主不为民着想，"可禅可继可革"②，根本就没有什么君权神授、天命攸归的说法，"天下人心所向背，王之则王，亡之则亡，定势定理也"③，民心向背乃是"王不王"的唯一准则，"市井贱夫"懂得事物之理，懂得理财，更能平治天下。对于皇权专制的危害，黄宗羲认为"为天下之大害者，君而已矣"④，专制君主乃是国家祸患的根源。陈子龙认为古代"分民而治"，地方官"因利设教"，因此出现"万端举，百事理，教化起，奸邪息，文学兴，颂声作，暴虫伏，瑞鸟下"的盛世景象。而当今一切权力集中于朝廷、集中于皇帝，地方官"权微而势分，虽欲大善无由也"，搞不好还身家性命不保，因此"人怀苟且之意，表饰虚美，便伺上旨，求适己利，公绰之行损矣。夫人情非有可为，则莫不退而求所利，故今人之置吏者，驱之偷也"⑤，不是个人要执意变坏，而是制度导致了个人的异化，导致了世道的衰颓。陈子龙甚至认为皇帝如有"中主以上"的智慧，国家都不会出现大的问题，往往是由于他们的愚蠢和武断，国家才陷入越治越乱，错误又得不到改正的恶性循环。要想国家兴盛，就必须从制度上废除君主专制，建立新型的君臣关系。在这方面，顾炎武的《天下郡国利病书》有很好的阐述。

---

① 《明夷待访录·原君》。
② 王夫之：《黄书·原极第一》。
③ 傅山：《荀子批改》。
④ 《明夷待访录·原君》。
⑤ 《陈忠裕公全集》卷二一《策问》。

其次是从郡国利病的角度提出了匹夫有责、众治天下的政治观。本着探索"国家兴衰之乱之源，生民根本之计"的原则，顾炎武阐述了很多治国安邦的措施。顾炎武也同样猛烈攻击了封建君主专制，在他看来造成中国积贫积弱的根本原因就在于郡县制及其弊端——"其专在上"，但是明清实学家对制度的设想并不是我们现在所描述的民主启蒙，在顾炎武、黄宗羲等人看来，封建制（其实就是早期的准民主制或者联邦制）"其专在下"，与郡县制的"其专在上"一样都有缺点，[①] 因此在国家的治理上，需要在权力的集中与民主方面保持某种平衡。首先，他们肯定了一定要废除封建君主专制，用"众治"来取代"独治"，要以"天下之权寄之天下之人，而权乃归之天子。自公卿大夫，至于百里之宰，一命之官，莫不分天子之权以各治其事，而天子之权乃益尊。后世有不善治者出焉，尽天下一切之权而收之在上，而万几之广，固非一人之所能操也"[②]。君要分权给天下去治理，但是并不同于现代所谓西方民主，他们希望的政治制度是选贤举能与限制君权，黄宗羲希望君、宰相以及学校（民意）三权制衡，此一思想在中山先生的建国方略中体现得最明显。王夫之从春秋学的角度认为要废除帝王专制，恢复三代"天下为公"的君民平等关系，如果不是为天下公利而着想的君主，"可禅、可继、可革"，君主不能把天下大权集于一身，而是要天子"分其统于州"，州牧刺史要"分其统于郡"，郡守要"分其统于县"，"以绪相因而理之谓也"，国家事务要按级进行管理，天子不能"越数累而遥系之"，那样就会天下大乱，"上统之则乱，分统之则治"。这种思想很类似古代的分封制和西方联邦制。但是，对权力的分权和集中，他们希望在其中找到一个平衡，比如近代郑观应的"君主者权偏于上，民主者权偏于下，君民共主者权得其平"[③]。这句话是很值得我们思考的，近代以来包括中国在内的很多亚洲国家是尝试过西方的民主制度的，但基本上都是乱象丛生，倒是新中国的民主集中制实现了稳定与繁荣。

（三）从以吏为师到严吏宽民的行政理念转变

官僚制度一般都是为国体服务的。在君主专制时代，官员是为君主服

---

① 《亭林文集》卷一《郡县论》。

② 《日知录》卷九《守令》。

③ 《盛世危言·议院》。

务的。在秦朝实行君主专制之后，为了保障皇权实行焚书坑儒，为了进行思想文化控制，进而规定社会要"以吏为师"。由于官员主要是对上而不是对百姓负责，往往形成官官相卫的情况，从而就培养了一批腐败无能、道德败坏的社会寄生虫。按照张溥的说法，是贪官污吏、豪强劣绅和繁重的苛捐杂税把民众逼成了贼，"天下本无贼，愚民迫走险"，① 而军事镇压并不能从根本上解决问题，要从根本上解决民变问题，解决中国"沦于虏"的困境，就必须要重民、爱民、利民、得民。朱之瑜认为民众在社会安定及其发展中具有决定作用，"彼百姓者，分而听之则愚，合而听之则神，其心既变，川决山崩"，老百姓才是国家的根本，对待老百姓，不能采取小恩小惠，而是要从根本上利民、富民才是出路。这样才能避免元灭南宋、清灭明朝的悲剧。

顾炎武认为要获得国治久安，有三个要素：首先就是要"治民之产，活民之实"，要时刻注重老百姓的吃饭问题，"救民水火，莫先于此"。其次就是要在解决民生问题的基础上整顿"人心风俗"，如重流品、崇厚抑浮、贵廉、提倡耿介和俭约等，他引述宋人罗从彦的话说："教化者，朝廷之先务；廉耻者，士人之美节；风俗者，天下之大事。朝廷有教化，则士人有廉耻；士人有廉耻，则天下有风俗"，在教化并形成良好社会风气方面，读书人具有关键的作用，必须要让他们有廉耻。再次就是要严惩败坏世风的贪官奸臣，说："法不立，诛不必，而欲为吏者之勿贪，不可得也。"②

王夫之认为治国之道主要就是实现严以治吏和宽以养民相结合。由于亲身经历了明末社会的动乱，王夫之对人民的疾苦有深切的理解。在他看来，谁都想安居乐业，只是贪官污吏逼得他们连基本的生存权利都没有了才走上了起义的道路，要解决国家的危机，必须将严吏和宽民相互结合才能实现。他说："严者，治吏之经也；宽者，养民之纬也。并行不悖，而非以时为进退者"③，只有两手并施，才能"庶得之矣"。所谓严于治吏，就是要对那些"越辐败轨，沈没淫滥，蜾蜿细民，愁痛孤寡"的贪官污吏严惩不贷，"国家之败，由官邪也；官之失德，宠赂彰也"，官吏作风关系到国家兴衰存亡，整顿吏治必须采用严峻的刑法，"承贪乱之余，不以刑

---

① 张溥：《合集·论略》卷一《治贼盗议》。

② 《亭林文集》卷一《钱粮论上》。

③ 《读通鉴论》卷八。

辟整绝之，未有能齐壹天步，柔辑悍独者也"。① 对于民众，要从政治、经济、文教等方面进行养护。对于老百姓，要贯彻古代圣人治国的"宽"、"简"精神，"宽"、"简"的主要适用对象是老百姓，而不是官吏以及社会的恶人。治国既不能采取老子的无为，也不能采取申、韩的严刑峻法。在经济上，要厚制民产，使"有其力者治其地"。只有老百姓安定、富裕了，国家才能强大，"国以民为本，有民而后国可为；民以农为生，有农事而后民可用"。② 对老百姓的治理应该主要靠德化来进行，而不能专恃于法，法律并不能解决所有问题，"夫法之立也有限，而人之犯也无方。以有限之法，尽无方之慝，是诚有所不能该矣"，③ 政治的清明还必须靠社会风气来维持，必须进行道德教育。同时王夫之极力反对那种弄虚作假的"德化"、那种虚伪的"德化"，不为老百姓着想的道德教育只是维护暴君的工具而已。

在解决民生问题上，李贽、傅山和黄宗羲高度重视工商业。李贽的"不言财者，决不能平治天下"，④ 一改儒家重义轻利的传统。而黄宗羲在他诸多发展经济解决民生问题的措施中，如田制、兵制、财计等，最为后人所称道的乃是其"工商皆本"⑤ 的主张，已经开启了中国重商主义的理论基础。

（四）从八股取士到宽进严用的人才选拔观念转变

中国古代的人才选拔制度，经历了几次大的变化。隋唐之前实行举孝廉和征辟制，后来演化为士族和庶族的区别，这种贵族与平民的等级制度不利于人才的选拔。隋唐时期实行科举制，看样子形式上是平等了，但是演化到后来，士大夫的空谈心性和八股考试的禁锢思想相结合，造成了学风空疏与积贫积弱的恶性循环。实学家们希望借鉴古代学校的宽进严用和清议督政来达到选拔人才和监督政府的目的。

在招揽人才上，黄宗羲提出了要宽进严用的原则，他说："古之取士也宽，其用士也严；今之取士也严，其用士也宽。古者乡举里选，士之有

---

① 《黄书·大正》。
② 《四书训义》卷二九。
③ 同上。
④ 《四书评·大学》。
⑤ 《明夷待访录·财计三》。

贤能者，不患于不知。"① 古代官员的推举主要是察举制，比如汉代的举孝廉，是由民众推选有才有德之人，经国家检验合格后就委任为官员，而一旦犯了错误则不仅要追究官员的责任，而且要追究推荐人的责任，这种做法，实际上乃是原始自然公社制度的遗风，与西方近代民主何尝没有异曲同工之妙。不同在于后者就一地选一地、就一职选一职；汉朝是统共获取入仕，具体由朝廷分配，获取者要凭德识在一定范围内出名，而后地方官有职责把其地域的贤德举荐出来。这种方式，既可以将真正的贤能之士选拔出来，同时也有利于对官员的监督和罢免，"宽于取则无枉才，严于用则少幸进，"② 然而任何一个事物发展既久则弊端日生，察举制到了魏晋时代，逐渐形成了士族和庶族的差别，实行九品中正制，实际上是确保士族地主世袭权力。而到了隋唐，庶族地主为了保证他们的利益，又产生了科举制，全凭考试而不是关系来选拔官员，实行单一的科举取士，虽然能够有效克服九品中正制的等级贵贱差别，但是却又使得很多贤能之士被排除在科举之外，选拔人才就与考试的内容密切相关。到了宋代，黄宗羲认为王安石改革，废除诗赋、帖经、墨义等考试科目，开科举微言大义之先河，逐渐出现学风浮薄的倾向，"注疏犹可以质验，不者有司率情上下其手，既失其末，又不得其本，则荡然矣，"③ 大家不再研究经史、注疏，先王之道被视为迂阔无用，人人只问大义，不重现实，学风越来越空疏。尤其是明清时代实行所谓的八股取士，只在四书五经和朱熹的语录范围内命题，社会生活的复杂又岂是仅仅靠四书五经和朱熹语录囊括得了的，这种考试出来的人，大部分都是所谓的空谈性理、不懂事功之流，"平时袖手谈心性，临危一死报君王"，国祸当难的时候，他们虽然殉节，但民众还得生活下去，义理脱离了生活再高妙又有什么用呢？因为他们平时根本就不学习实践知识，相信理学说的那一套一旦豁然贯通的全体大用，然而自然知识尤其是所谓的物理，又哪里能够通过玄思冥坐获得呢？这种对自然物理的格物知识其实在荀子那里还有充分重视，"吾尝终日而思，不如须臾之所学也"，④ 知识要善于积累，这本是孔子学思并重、能多鄙事思想的延续，而到了孟学占统治地位的理学阶段，大家却都相信有思而不学

① 《明夷待访录·取士下》。
② 同上。
③ 同上。
④ 《荀子·劝学篇》。

的全体大用存在。取士制度到了明末已经是黄宗羲所说的严取宽用的局面："严于取,则豪杰之老死丘壑者多矣;宽于用,此在位者多不得其人也","究竟功名气节人物,不及汉唐远甚,徒使庸妄之辈充塞天下。岂天下之不生才哉?则取之之法非也。"人才维国势,人才既凋敝,国家焉能不败?①

古代的学校承担了培养人才和监督朝政的职能。"学校,所以养士也。然古之圣王,其意不仅此也,必使治天下之具皆出于学校,而后设学校之意始备。非谓班朝,布令,养老,恤孤,讯馘,大师旅则会将士,大狱讼则期吏民,大祭祀则享始祖,行之自辟雍也。盖使朝廷之上,间阎之细,渐摩濡染,莫不有诗书宽大之气,天子之所是未必是,天子之所非未必非,天子亦遂不敢自为非是,而公其非是于学校。"② 一方面,学校要培养人才,"烟火聚落之处",要设置经师,教授《五经》、兵法、历算、医、射等各种知识,从天子之子到大臣之子,都要在学校学习,从小就要知道民情;另一方面,学校行使监督和国事决策职能,宣战、媾和、献俘、大狱以及安抚老孤等国家大事,都要经过太学(辟雍),大是大非,不是由君主决断,而是由学校讨论。太学领袖重于宰相,每月初一,天子幸临太学,宰相、六卿、谏议也要跟从,听祭酒讲学,天子就弟子之列,"政有缺失,祭酒直言无讳"。在郡县,每月初一和十五,老师与当地学子辨析、印证学问,郡县官也要就弟子列,听学官讲学,"郡县官政事缺失,小则纠绳,大则伐鼓号于众"。若郡县官无实学,士子可以"哗而退之",③ 学校不仅承担了舆论监督的职责,而且还可以直接干预政事。

学校也遭到了君主专制的镇压,"伪学之禁","书院之毁"时有发生,天下之是非也不再出自学校,而是出自天子。学校也没有监督官员和罢免官员的权力,"簿书、期会、钱谷、戎狱,一切委之俗吏"。学校变成了"科举嚣争,富贵熏心"的场所,有才能学术者,只能隐于草野之间,学校已经没有办法把那些实学之才选来做官,培养出来的都是符合统治阶级意志的奴才。黄宗羲对明代那种只知抱着《四书集注》、《性理大全》或者背诵几篇时文来谋取做官的科举制度深为不满,"取士之弊至今日制

---

① 《明夷待访录·取士下》。
② 《明夷待访录·学校》。
③ 同上。

科而极"①。要改变这种弊端就必须改变八股取士那种浮虚、浅薄的学风，
"趋天下之士于平实"②，首要的任务是改革考试制度，采取"宽取严用"
的原则："吾故宽取士之法，有科举，有荐举，有太学，有任子，有郡邑
佐，有辟召，有绝学，有上书，而用之之严附见焉。"③ 要采用多种方式
相结合的取士制度，不拘一格取人才。

在科举之法上，黄宗羲的观点与封建社会单独采用朱熹的办法取士不
同，提出了四场考校的办法，第一场是采用朱熹的办法，子午年考《易》、
《诗》、《书》，卯年考《三礼》兼《大戴》；酉年考《三传》，其中诸经又
要以《四书》为核心。第二场实际上是考学术派别，包括诸子百家，分为
四科：周、程、张、朱、陆六子为一科，孙、吴武经为一科，荀、董、
扬、文中为一科，管、韩、老、庄为一科，分年各试一论。第三场主要是
考史学，也分为四科：《左》、《国》、《三史》为一科，《三国》、《晋书》、
《南北史》为一科，新旧《唐书》、《五代史》为一科，《宋史》、有明
《实录》为一科，分年试史论各两道。第四场是考时务，还必须学以致用，
要能解决社会问题，不能纸上谈兵。相比以前仅仅以朱熹的《性理大全》
等书籍为定本，则无疑是一个很大的进步。客观而论，黄宗羲的取士思想
是比较实事求是的，尤其是把子学、史学和经世致用作为考查内容，同时
也坚持了儒家经学的正统地位，对于改变理学和心学末流空谈心性，不深
入社会生活实际的问题是有很大帮助的。

在以科举之法为主的基础上还要实行别的取士办法。如在荐举之法
上，黄宗羲主张每年郡县推举一人，宰相以国家疑难之事闻之，廷臣反复
诘难，若真能有一套自己的见解，则当见习官员一段时间后转为正式，举
荐的人受赏；如果是庸碌无能之辈，则进行辞退，举主受连带责任。在学
校教育系统中，黄宗羲主张每年对那些毕业的学生进行考查，才能德艺俱
佳者可以直接任为官员，中等的可以进入会试待考继续进行学习，下等的
则罢归乡里，这是太学之法；而对于官员子弟，六品以上官员子弟到 15
岁之时也必须进入州县学学习，三品以上官员子弟 15 岁进入太学学习，
然后共同参加考试，要杜绝那种请托送礼，不贤能者虚在官位的做法，给

---

① 《明夷待访录·取士上》。
② 同上。
③ 《明夷待访录·取士下》。

予官员弟子一定的特权，不经过秀才考试就可以直接进入州县学或者太学，然后还是要统一考试。这种想法有一定的合理性，但是实际上仍然难以避免请托送礼，除非真正实现了黄宗羲所说的民治天下的政治制度以后才有可能。郡县佐之法乃是提学试中优秀者来专门管理吏户礼兵刑工六曹的具体事务，相当于一般的办事人员，成绩优秀者可升为衙门属史。此外还有辟招之法，对于那些异能绝学之人，实际上主要是关于自然科学的知识和学问，长期以来被视为雕虫小技，如历算、乐律、测望、占候、火器、水利之类，政府考其发明，若有实效则使之待诏，等待皇帝任命，相当于候补；在提倡"绝学"之外，黄宗羲还特别强调"上书"的功能和作用："上书有二：一、国家有大事或大奸，朝廷之上不敢言而草野言之者，如唐刘蕡、宋陈亮是也，则当处以谏职。若为人嗾使，因而扰乱朝政者，如东汉牢修告捕党人之事，即应处斩。一以所着书进览，或他人代进，详看其书足以传世者，则与登第者一体出身。若无所发明，纂集旧书，且是非谬乱者，如今日赵宦光《说文长笺》、刘振《识大编》之类，部帙虽繁，却其书而遣之"①，对于那些敢于直言国事、实事求是者任以谏职，故意淆乱是非、扰乱朝政者则进行处斩。黄宗羲实际上乃是想恢复古代学校那种监督和参政的功能，倘若真能实行起来，对于纠正理学的空疏学风，对于限制君主权力，实现民生利益却有很大好处，而问题在于封建统治者恐怕是不会轻易放弃已得利益去实现他的理想蓝图。正如顾炎武对黄宗羲所说："天下之事，有其识者未必遭其时，当其时者或无其识，古之君子所以著书待后，有王者起，得而师之"，② 思想的力量乃是在 200 年之后的晚清显现出来的，近现代出现了一批这样的"时者"和"识者"，他们最终完成了明清之际思想家所梦想的民族复兴之伟业。

顾炎武也重视社会舆论的作用，他称之为"清议"。他说："古之哲王所以正百辟者，既已制官刑儆于有位矣，而又为之立闾师，设乡校，存清议于州里，以佐刑罚之穷"，③ 在古代，"清议"对推举人才和纠弹官员都有直接关系，这种风气在两汉犹循，魏晋九品中正制开始破坏，到后来就荡然无存。顾炎武认为这种舆论监督如果能存在的话，社会还可以自己

①　《明夷待访录·取士下》。

②　《明夷待访录》书前。

③　《日知录》卷十三《清议》。

修复自身，"清议"也亡了的话，那么离大乱就不远了，"天下风俗最坏
之地，清议尚存，犹足以维持一二。至于清议亡，则干戈至矣"①。顾炎
武希望通过社会舆论来监督权力，这种想法是好的，但是清初文字狱的盛
行实际上就显示了集权专制下根本不可能有言论的自由，更别说有考评官
员的权利了。

（五）从一家私法到天下为公的法律精神转变

中国古代不缺乏法制，而是缺乏从根本上维护老百姓利益的法制。在
《明夷待访录·原法》篇，黄宗羲提出"有治法而后有治人"，反对孟学
中的人治思想，在他看来，法有两种，一种是三代以上的"有法之法"，
实际上就是公法；另一种就是三代以下的"无法之法"，实际上也就是君
主专制下的私法。三代以上制定法律的出发点是为了民众，"二帝、三王
知天下之不可无养也，为之授田以耕之；知天下之不可无衣也，为之授地
以桑麻之；知天下之不可无教也，为之学校以兴之，为之婚姻之礼以防其
淫，为之卒乘之赋以防其乱。此三代以上之法也，固未尝为一己而立也"，
因为出发点是民众，所以法律宽疏，人民乐于遵守，"三代之法，藏天下
于天下者也：山泽之利不必其尽取，刑赏之权不疑其旁落，贵不在朝廷
也，贱不在草莽也"，法律充分发挥保障民众权利的功能，社会安定，国
家强盛，法律的精神是"天下为公"。而秦代以来，法律变成了维护皇帝
一家私利的暴力工具，出发点是皇帝的利益，处处针对老百姓的利益，
"后之人主，既得天下，唯恐其祚命之不长也，子孙之不能保有也，思患
于未然以为之法。然则其所谓法者，一家之法，而非天下之法也。是故秦
变封建而为郡县，以郡县得私于我也；汉建庶孽，以其可以藩屏于我也；
宋解方镇之兵，以方镇之不利于我也。此其法何曾有一毫为天下之心哉！"
法律的唯一标准是是否有利于维护皇帝的私利，老百姓的死活不是他们关
心的事情，"后世之法，藏天下于筐箧者也；利不欲其遗于下，福必欲其
敛于上；用一人焉则疑其自私，而又用一人以制其私；行一事焉则虑其可
欺，而又设一事以防其欺。天下之人共知其筐箧之所在，吾亦鳃鳃然日唯
筐箧之是虞，向其法不得不密。法愈密而天下之乱即生于法之中，所谓非
法之法也"，为了维护他们的私利，法律一变再变，控制越来越严，"古圣

---

① 《日知录》卷十三《清议》。

王之所恻隐爱人而经营者荡然无具"，老百姓饱受无穷之苦，"生民之戚戚终无已时"，这种害天下之法最终逼得老百姓起来造反。

然而黄宗羲的法治理想却也不同于古代的圣人之治，在他看来，与其相信人治还不如相信法治来得好些，法治的关键在于法律必须是维护百姓利益的公法，这样即使有个别人危害国家也不至于会造成大乱，"其人非也，亦不至深刻罗网，反害天下"，法律会迫使他回到民众的利益上来；相反，如果法律本身不公正，是为了君主个人的私利而设立的，就是有人想为民做事也是难得施展，"自非法之法桎梏天下人之手足，即有能治之人，终不胜其牵挽嫌疑之顾盼，有所设施，亦就其分之所得，安于苟简，而不能有度外之功名"。所以要用制度来限制统治者的行为，保护老百姓的利益，先有治法，后有治人，此种精神，不就是近现代的法治精神吗？从这里我们也可以看出，如果沿着明清之际实学家的思路，中国确实可以走上一条自己特色的近代化道路，但是由于中国封建大一统的局面存在，使得新事物的突破需要很长的时间来积累力量和经验，所以中国的制度转型极为艰难。但是历史发展到今天，已经合乎时代的要求，当今我们对于制定的新法律，必须是维护老百姓利益的公法，这样才是国家长治久安的关键所在。

二

明清实学是在深刻总结明朝灭亡和封建君主专制危害的基础上提出的中国社会长治久安的一套方略，同时又吸取了西方资本主义的成果，对于中国社会从封建时代向现代转型具有重要的指导意义，这种思想因为历史的原因长期没有得到应有的重视。有清一代继续实行君主专制，甚至实行文字狱等文化专制措施，使得明清实学的治国理念没有得到有效实施。近现代以来由于民族危机的加重，救亡压倒了启蒙，革命成了核心，甚至在很多时候取代了其他的任务。新中国成立后进行社会主义现代化建设，先是向苏联一边倒，实行计划经济，十一届三中全会实行改革开放以来长期以经济建设为中心，也基本上采用西方现代化模式，直到苏联东欧解体和美国金融危机出现之后才迫使有识之士思考中国道路问题，很多人也因此想到了儒家文化在治国理政中的作用，尤其是东亚现代化的成功探索奠定了现实基础。

当今世界格局的变化既为儒家文化的复兴提供了难得的机遇，也为中国现代化开创一条独特和超越欧美的发展道路提供了可能和必要。就治国理政而言，儒家实学可以为中国当前的国家治理提供很多有益的启示。

就治国理念而言，用什么思想和主义的争论一直在持续。按照萧功秦和马立诚的分析，当前至少有6种不同的社会思潮都力图对当前社会问题开出自己的药方。如何看待这些思潮，这就需要有实事求是的精神，不能采取主观上先入为主的理学思维模式，也不能靠纯粹的争论来解决问题，而是要到实际生活中去检验。新儒学仍然是空谈道德义理那一套，对于挺立儒家道德的基石虽有好处，但是仍然没有将重心转移到经世致用上来。自由主义以及新老左派之争从学理上看似乎都有道理，但是到底能否行得通或者其只是在某些方面有合理性，这就需要采用试点以及群众检验等方式来验证，而不能离开实事经世和科学经世这个基础去空谈治理，空谈误国，实干兴邦，"治民之产，活民之实"乃是治国的最基础也是最根本的任务，这个历史的经验不能丢弃。在以德治国还是以法治国的问题上，一方面提倡法治是必需的，但是必须要研究法律贯穿了何种道德精神，同时必须要严以治吏，要广泛选拔有用人才，加强对官员的考察和监督，其中就包括考查官吏的道德水平，尤其是在中国有以吏为师的传统的情况下，官员不能在道德上做表率，就得不到老百姓的认同，国家的治理根基就不稳固，但道德不是唯一的考察对象。关于民主与威权之争一直贯穿于中国近现代历程，而不论是理论的探索还是实际运作来看，中国都不宜全盘套用西方的民主制度，不论是民国时期的军阀割据还是东亚的民主乱象都警示我们在民主与集中方面必须保持某种平衡，这一点还须在实践中进一步探索，如果过分相信并一味模仿西方的民主，苏联解体和东欧剧变的历史经验不可谓不深刻。当然，我们更大的精力还是应该放在公民的民主权利的扩大方面，这包括人才选拔以及社会舆论等，必须破除新权贵主义的趋向，要力争能把各个行业的异能之士都选拔出来，要充分发挥民情和舆论监督的作用，这方面包括学校和社会的参政与监督功能，也就是实学家所说的"清议"，尤其是当前微博、微信等迅猛发展的网络信息时代，只要我们多听听民众和媒体、网络的声音，就可以避免权力集中带来的弊端。

　　周虽旧邦，其命维新，历史往往会为我们当下提供很多有益的启示。在当今开放和开明的时代环境下，只要我们本着实事求是的精神，注重发掘国内外的一切优秀文化资源，以民生和实践为标准，是完全能够探索出一条适合我国国情的现代化治理道路的。

中国国家治理现代化的
实践探索与基本特征

唐皇凤*

如果把国家治理活动视为与国家相伴而生的一种自然现象，则有国家必有国家治理，而在现代化的历史进程和理论视域中审视国家治理，则清晰界定了国家治理的时空境遇和战略使命。作为一个具有悠久文明传统的政治共同体，中国的现代化之路充满了坎坷和曲折，传统治理体系的现代转型之艰辛绝无仅有。在逐渐融入现代化的历史洪流和人类现代文明发展之主流轨道的过程中，中国社会的现代化之路事实上已经持续了上百年之久。新中国虽然确立了"四个现代化"的发展规划，开启了社会主义现代化的全新实践，但依然刚刚迈入现代性的门槛，国家治理的现代化水平依然在低位长期徘徊。改革开放时代全面开启和加速了中国现代化的历史进程，有力推进了国家治理体系和治理能力的现代化，开拓了人类现代化事业的新境界。因此，全面准确分析改革开放时代中国国家治理现代化的实践探索、运动轨迹和历史经验，可以为科学设定国家治理现代化的战略愿景和路径选择奠定坚实的理论与实践基础。

一 改革开放开启中国国家治理现代化的新时代

现代性是一项未竟的事业，有效构建和渐进成长国家治理现代性是一

＊ 唐皇凤（1974—），男，武汉大学政治与公共管理学院教授、博士生导师，华中科技大学国家治理研究院兼职研究员。本文系笔者主持的国家社会科学基金重点项目"中国国家治理现代化的战略愿景与路径优化研究"（14AZD009）的阶段性成果。

项伟大的社会系统工程，国家治理现代化必将是一个永无止境、不断推进和深化的过程。在百年现代化的历史征程中，中国传统的国家治理理念、制度、体制和机制在西方强势现代文明的竞争压力和示范效应下，得以逐步调整和改造，已经具备相当程度的现代性。新中国成立后，国家治理体系历经军事化和计划化的改造和洗礼，尤其是探索和推进社会主义现代化建设的实践经验为国家治理现代化积淀了丰厚的制度遗产和历史资源。但是，计划经济时代中国共产党所构建的国家治理体系是高度复合型的，其内部的各种治理要素之间存有相互冲突和抵牾的地方，其中最为突出的表现是后现代的治理价值诉求（社会平等和公平正义，而非政治自由和公民权利）和现代性的国家治理制度（新中国确立的人大制度、政党制度和司法制度等都属于现代国家制度的范畴）是在一个传统的小农经济为主导的前现代社会结构基础上运行的，因而先进的价值理念和现代制度很难落实为具体的国家治理实践。当然，更为重要的是在当时东西冷战、两大阵营对立的国际政治格局之下，中国的国家建设和政治发展是孤立于人类政治文明发展的历史潮流之外的，接受现代性的洗礼和熏陶都比较少。因此，整体而言，计划经济时代的国家治理体系和治理能力的现代性程度依然较低。

改革开放对于中国社会而言，是一场革故鼎新的大规模制度转型，既包括变革和消除制约社会经济发展的传统治理体系，也包括建立和完善适应新情况的现代治理体系，在不断优化国家治理体系的过程中增强国家治理制度的现代性水平，重启和加速国家治理现代化的历史进程。体制改革是中国国家建设最为重要的时代主题，是在坚持社会主义基本制度体系的前提条件下，通过不断变革不适应现代化建设和发展的体制机制，充分利用各种现代性的价值理念和治理资源，以释放市场和社会活力来解放社会生产力，体制改革实乃推进国家治理现代化的加速器。事实上，市场化和分权化作为改革开放时代中国体制改革的核心主线，首先是执政党主动分权于国家，培育现代政府体系；其次是政府构建现代市场经济体系，确保市场在资源配置中发挥基础性和决心的作用；最后是执政党和政府通过价值引领、制度规范和组织渗透，培育现代社会，在推进政党—国家体制的转型中增加市场与社会的活力。在政党—国家体制转型的过程中，逐步构建党—国家—社会—市场—公民的多中心合作治理格局，以发育现代治理体系，不断提升国家治理的现代化水平。

　　"开放"是中国政治模式的核心，政治开放也许是中国政治变迁和国家治理现代化最为重要的动力源。作为后发现代化国家，执政党和政府积极利用后发优势，在经济社会政治领域中积极移植、借鉴和学习国外的先进经验，国家治理行为的现代性取向日益彰显，一个更为开放的制度体系成为中国国家治理现代化更为牢固的制度支撑。改革开放时代的中国政治开放包括对内开放，即通过民主政治建设，推行党务、政务公开，政治过程对媒体、民意和各社会群体的利益开放，并在公共决策过程中充分吸纳民意和集中民智，为国家治理的科学化提供富足的信息资源。同时，各级国家政权组织不断招募社会精英，政协委员、人大代表和党代表相继成为重要的政治吸纳平台，积极培育多元的现代政治力量是中国国家治理现代化的重要经验。当然，中国的执政精英一贯主张大胆借鉴一切优秀的人类文明成果，中国的政治开放更重要的是对外开放。在生存压力、地缘政治竞争和制度示范效应的强烈刺激下，党和政府积极从世界发达国家和发展中国家现代化建设中汲取治国理政的经验教训，从其他威权政体（尤其是苏东前社会主义政权）的瓦解和崩溃中总结经验教训，中国政治的开放不仅对社会主义现代化建设的实践发展开放，而且对人类社会发展规律、社会主义建设规律和共产党执政规律开放。正是通过吸收和借鉴人类社会创造的一切文明成果，中国日益成为一个顺应时代潮流的理性而开放的文明体。政治开放不仅成为倒逼体制改革的力量，而且成为确保国家治理在现代政治文明和现代化的正确轨道上前行的基本保证。

　　总体而言，改革开放时代的国家治理现代化取得了令人瞩目的伟大成就，体制改革和对外开放共同开启了中国国家治理现代化的新时代。在治理理念层面，国家实现了从"以阶级斗争为纲"到"以经济建设为中心"的战略转变，稳步推进国家治理理念趋向"以人为本、民生为本、经济—社会—生态协调可持续发展"的现代转型。在治理制度的建构方面，基本实现了从革命型治理体系向现代治理体系的转变，全面实施依法治国方略，基本建成社会主义市场经济体制、中国特色社会主义政治制度体系和法律体系，坚持不懈地推动决策制度的科学化与民主化，并在文化建设、社会治理、生态文明建设的制度保障方面取得显著进展。在国家治理结构的现代化方面，市场、社会组织和公民的力量不断发展壮大，成为国家治理体系现代化的重要支撑，多元主体良性互动的网络化治理结构隐然显现。在政治结构层面扩大和推进民主参与和社会协商，在政府治理层面增进制度的理性化水平，在社会治理层面有序推进治理主体的多元化，成为改革开放时代中国国家治理现代化的基本图景。

二　中国国家治理现代化的实践探索

系统梳理改革开放以来国家治理现代化的实践探索是一项极其复杂繁重的工作。既可以从国家治理的核心要素入手，如治理理念、治理制度、治理主体和治理结构等的变革，也可以从执政党建设，现代政府体系建构，市场、社会和公民力量的成长等方面对中国国家治理现代化的历程进程做一全景式的扫描和透视。在中国国家治理现代化的独特问题域中，首要问题还是完善现代制度体系，稳步推进现代国家建设的历史进程。但是，凸显中国国家治理现代性的重要标志则是市场、社会和公民等现代政治力量在国家治理过程中发挥愈来愈重要的作用，逐步形成"多中心"的合作治理格局，以国家治理体系的现代化促进国家治理能力的有效提升。

首先，渐进提升执政党的现代化水准，为中国国家治理现代化提供坚实的政治保障。中国共产党是国家治理现代化的核心领导力量，党自身的现代化水平在很大程度上决定着国家治理的质量与水平，增强执政党自身的回应性和调适力是国家治理现代化的核心主题。具体体现为[①]：

（1）执政党着力推进理论与意识形态创新，为实现国家治理现代化提供科学的方向指引奠定了坚实的理论基础。在当代中国，党的执政理念与国家治理理念之间具有高度的重叠性和耦合性，党的执政理念的更新是牵引国家治理理念现代化的重要引擎。改革开放以来，主流意识形态的话语创新异常活跃，"三个代表"、"科学发展观"、"社会主义和谐社会"、"生态文明"、"中国梦"、"国家治理体系与治理能力现代化"等执政理念的诠释与更新，尤其是人权保障、对人的尊严与幸福的重视，对自由平等、民主法治、公平正义等现代政治价值的承认和践行，成为执政党主动吸收人类政治文明发展的丰富成果，有序推进国家治理理念现代化的重要牵引力。理论与意识形态创新开启了执政党建设和国家建设、执政理念与治国理念战略性互动的新时代，增强了执政党的回应性与调适力，为中国国家

---

① 唐皇凤：《变革型政党：对中国执政党建设历史经验与未来愿景的一种理论解读》，《武汉大学学报（哲学社会科学版）》2013年第3期。

治理理念的现代化提供了正确的政治方向和坚强的政治保障。（2）构建开放式党建新格局，建立党与各种新兴经济社会力量之间的制度化联系机制，不断通过党的组织建设和组织网络渗透拓展国家治理空间。改革开放以来，中国社会的阶级阶层结构发生了重大变化，各种新生的经济社会力量不断涌现，党不仅巩固了传统的执政基础，在工人和农民中积极发展党员和基层组织，而且积极吸纳新兴的经济社会精英入党，有效提升了执政党的社会整合能力。党全方位扩大其工作覆盖面，不断加强非公有制企业、社会团体和社会中介组织中组织建设的工作力度，确保党组织在新经济组织和新社会组织中发挥政治核心作用，党的基层组织建设的开放性和包容性显著增强，开放型的基层党建工作新格局逐步成型，中国共产党驾驭复杂的现代经济和多元的现代社会的能力日益增强，治理经济社会生活的理性化程度不断提升。执政党的开放性和包容性不仅成为政党现代化水平的核心标示，而且成为引领国家治理现代化的基本保障。（3）制度建设是增进党的回应性和调适力、实现国家治理现代化的战略重心。一个政党的制度化水平是衡量其现代性的主要指标，而执政党的现代性水平在某种程度上决定了一个国家的治理现代化水平。改革开放以来，中国共产党不断增强政党制度与国家制度之间的耦合性，推进党政关系的规范化与法治化，建立和完善执政党治理社会公共事务的制度和规范体系，不断提升依法执政的水平。在组织管理方式上，废除党的最高领导人的职务终身制，建立有利于党员领导干部新陈代谢的正常离退休制度，强化党内纪律监督机制，陆续颁布一系列党内法规，极大地提升了执政党的制度化水平。中国共产党坚持把发展党内民主作为维系党内和谐、激发党的活力的基础性工程，以保障党员民主权利为基础，不断完善党的代表大会制度和党的委员会制度，建立健全党委内部的议事和决策机制，充分发挥各级党委全委会和常委会的作用；改革和完善党内选举制度，扩大差额选举和竞争性选举的力度等。通过不断强化党章和制度的权威，规范党内权力运行机制和民主决策机制，稳步推进党内治理的制度化建设，中国共产党逐步成为高度制度化、理性化和民主化的现代政党，成为国家治理现代化的引领者和示范者。

其次，稳步构建现代政府治理体系，为中国国家治理现代化提供强大的主导力量。政府是公共权威的主要代表者和体现者，政府治理体系是国家治理体系的主导力量，构建现代政府体系是国家治理现代化的重中之重。改革开放以来，按照现代政府体系的构建原则和逻辑，中国积极推进法治政府、责任政府和服务政府建设，不断优化政府体系的结构与功能，稳妥实施政府治理体系现代化的系统性工程。具体体现为：（1）以职能转变和机构改革为重点，深入推进行政管理体制改革。遵循"政企分开、政事分开、政社分开"的现代治理原则，中国政府积极改善和加强宏观管理，主动地向市场、社会放权，减少对微观事务的干预，同时严格事后监管，政府职能向创造良好发展环境、提供优质公共服务和维护社会公平正义转变，转变政府职能成为行政管理体制改革的关键。同时，分别在1982年、1988年、1993年、1998年、2003年、2008年和2013年进行了7次规模较大的国务院政府机构改革，国务院组成部门已由1982年的100个削减为目前的25个，精兵简政和优化政府组织结构成为机构改革的重要任务。积极探索实行职能有机统一的大部门体制，合理配置宏观调控部门职能，加强能源环境管理机构，加强与整合社会管理和公共服务部门以改善民生，政府部门逐步向大部制、宽职能、少机构的方向发展，减少行政层次，解决机构重叠、职责交叉、政出多门等问题，不断增强政府机构设置和政府实际运作的理性化与制度化水平。（2）推进行政审批制度改革，为构建现代政府体系和释放市场与社会活力奠定制度基础。行政审批制度改革作为推进政府职能转变的突破口，取消和下放行政审批事项则是当前行政审批制度改革的重点。2001年9月国务院成立行政审批改革工作领导小组，2004年7月1日颁布出台《行政许可法》，为行政审批制度改革奠定了坚实的法治基础，并在2002年、2003年、2004年、2007年、2010年、2012年共分6批取消和调整了2497项行政审批项目，占原有行政审批项目总数的69.3%。在2013年内，十八大后的新一届政府共分3次取消和下放235项行政审批项目事项，其开局之年就已经完成行政审批制度改革任务的39%，而2014年8月前就已经3次取消和下放行政审批事项。① 行政审批制度改革既是推动政府职能转变的突破口与关键抓手，也是调整和理顺政府与市场、中央与地方两对关系，构建现代政府治理体系的重要政策工具。（3）加强基础性制度建设，不断完善依法行政的制度支撑体系。如健全科学民主依法决策机制，建立决策后评估和纠错制度；积

---

① 相关数据资料源自作者2014年9月2日对中国机构编制网中"行政审批制度改革"有关内容的搜集和整理（http：//www.scopsr.gov.cn/xzspzd/）。

极推进政府组织机构、职能配置、运行方式的法治化，严格依照法定权限和程序履行职责；深化政务公开，建立健全各项监督制度，让权力在阳光下运行；强化行政问责，严格责任追究，建立健全各项行政问责制度，规范政府权力的运行和行使。总之，通过理顺政府体系内部各构成要素之间的关系，厘清政府与市场、社会、公民等治理主体之间的关系，规范各治理要素的职能边界，使其各司其职和有机互动，有效提升政府治理体系的现代化水平，政府治理逐步从管制走向服务，从人治走向法治，从集权走向分权，现代政府治理体系的构建为中国国家治理现代化提供了强大的主体力量支撑。

最后，以激活市场、社会与公民的内生力量为重点，稳步推进国家治理结构的现代化，为中国国家治理现代化提供可持续的动力支撑。市场、社会组织和公民是现代国家治理体系的基本构成要素，社会治理体系的质量和水平是衡量国家治理体系现代性程度的重要指标，激发市场、社会和公民的自组织能力和自主治理能力对国家治理现代化的历史进程具有基础性和决定性的作用。在现代化的中国境遇中，市场、社会和公民力量的孱弱一直是制约国家治理现代化的基本变量，而发育市场、培育社会、成长公民则是改革开放时代中国国家治理现代化的重大战略使命。具体体现为：（1）以公有企业、公用事业和公共服务的民营化为重点激发市场活力。从20世纪80年代初开始，市场化发展就成为中国企业改革的核心目标，公有制的实现形式不断多样化，股份制成为最主要的资本组织形式，各种国有中小企业与集体所有制企业绝大部分完成了公司制改造，出现了民营化的热潮。非公有资本开始进入某些垄断行业和领域，电力、电信、铁路、民航、石油等行业和领域稳步引入市场竞争机制，非公有资本开始以独资、合资、合作、参股和项目融资等方式进入这些垄断行业，民间资本开始逐步进入基础产业和基础设施、市政公用事业和政策性住房建设、社会事业、金融服务、商贸流通、国防科技工业等领域。同时，以自来水、供气、公共交通、污水处理为代表的公用事业领域，主要采取特许经营权方式，推进社会资金、外国资本通过独资、合资、合作等形式，参与市政公用设施的建设，在城市公用事业领域实行了较大规模的民营化实践。另外，地方政府纷纷将中小学义务教育、医院外包，让民间资本和外资参与到公共物品的生产和供给中，从而出现了风靡一时的以中小学教育、医院为代表的公共服务领域的民营化热潮。[①]（2）以社会组织的成长发育为契机，大力推进国家治理的社会化。社会组织是国家治理的基础性设施，作为政府治理社会的合作伙伴，既是社会公共事务管理的参与者，也是推动国家治理现代化的重要力量。如各种环保非政府组织、公民"维权"组织、社区组织、传统媒体以及新兴媒体形成的"公共舆论空间"、学术团体和行业协会等对公共事务的有效参与，都成为中国国家治理现代化的亮丽风景，是国家治理现代化可持续的动力源泉。目前由中央编译局举办的两届"中国社会创新奖"评奖活动中，在161个和249个申报项目中，社会组织和社会企业日益成为治理创新的主力军，第一届申报项目中有122个（约占3/4）来自各级登记注册的社会组织，其他项目主要来自工商注册的公益组织。因此，尊重社会组织的社会属性与自主属性，在充分发挥社会组织治理功能的过程中积极培育发展并依法监管与引导社会组织，是中国国家治理现代化的重要经验。（3）以培育公民意识、成长公民能力为重点，人的现代化成为撬动国家治理现代化的有效杠杆。现代国家治理的根本目的在于实现人自由而全面的发展，人的发展是国家治理现代化的根本出发点和最终归宿。公民能力是构筑现代国家治理能力的基石，具有现代公民意识的社会群体是推动国家治理现代化的关键力量。其中，市场化改革过程中涌现的新兴中产阶层率先具有现代公民意识，强烈要求参与社会政治生活，并成为活跃的意见领袖或社会政治活动家，成为国家治理现代化的重要力量。尤其随着社会整体教育水平的日益提升和互联网的逐渐普及，青年一代的政治参与愿望和能力得以大幅度提升，为国家治理现代化积累了富足的人力资源。网民作为近十年来中国社会中出现的新兴政治力量，具有不同于传统的无组织的社会弱势群体的社会动员能力和利益博弈能力，成为推动国家治理转型和制度变革的重要力量。如2003年安徽省芜湖市的"乙肝歧视案"导致全国乙肝病毒携带者通过一波又一波的网络讨论，迫使国家人事部和卫生部在2005年1月出台的《公务员录用体检通用标准》中规定，乙肝病毒携带者可以成为公务员。2006年《劳动法（草案）》在全国范围内征求修改意见，短短1个月的时间里就收到了19万条意见，其中报刊刊登的有145条，群众来信的有1280条，

---

① 唐亚林：《国家治理在中国的登场及其方法论价值》，《复旦学报（社会科学版）》2014年第2期。

其他都是通过网络的方式得以传达的。沈阳黑社会头目刘涌案在网上公布后，新浪网、新华网、搜狐网、人民网等网站的留言一天之内合计就达到万条，对判刑轻重表示质疑，以致最高法院后来要求重新审理。随着公民参与在广度和深度层面的不断扩展，中国的"参与型公民"正处于雏形之中。在各种国家治理活动中，公众不再是纯粹被动的接受者，而是更有可能成为主动的参与者。[①] 公民参与作为现代民主生活的基本形式，是衡量一国国家治理现代化水平的重要参数。激活积极公民权，培养参与型公民，使之成为中国政治发展最为重要的内源动力，是中国国家治理现代化最为根本的历史使命。中国公众广泛的民主参与和公民能力的不断跃升，正在成为中国制度变革和国家治理现代化最为重要的动力源泉。

有学者将改革开放时代的治理变革概括为"治理适应型的渐进式改革"模式，治理体制的转型在危机—调整—适应的模式中基本上能适应或者应对经济—社会转型中的重大挑战。[②] 国家治理现代化是对身处大变革和大转型时代的社会经济问题的主动回应，是积极应对工业化、城市化、市场化、信息化和全球化浪潮所导致的一系列治理危机的积极调适。其中，以执政党建设提升党治国理政的现代化水平，围绕治理制度的民主化和理性化构建现代政府体系，依然是中国国家治理现代化的核心主线。而积极利用市场化改革中成长起来的新兴市场和社会力量，培育公民意识和成长公民能力，在人的发展与制度现代化的有机互动中实现国家治理现代化，则是中国现代国家建设最为重要的实践探索。

三 中国国家治理现代化的基本特征

改革开放以来，执政党和政府通过激发市场和社会活力，成长公民能力以健全和完善现代国家治理体系，在自由与秩序、民主与法治、社会经济转型与政治调适、制度的现代化与人的现代化之间维持有效的均衡，为推进国家治理现代化积累了宝贵的历史经验，国家治理现代化的实践探索具有鲜明的中国特色。

第一，提升国家治理能力是中国国家治理现代化的基本价值目标。提

---

① 唐皇凤：《社会建设：开掘中国政治发展内源动力的战略抉择》，《马克思主义与现实》2013 年第 5 期。

② 徐湘林：《转型危机与国家治理：中国的经验》，《经济社会体制比较》2010 年第 5 期。

高执政能力、确保党的执政安全是中国国家治理现代化的核心目标，也是构建中国特色的国家治理体系之关键特征。中国国家治理现代化的进程都是在执政党的领导和主导下进行的，具有现代化取向的国家治理创新举措不仅要符合社会发展的要求，也要实现提高党的执政能力的目的。加强党的执政能力建设是 20 世纪 90 年代后中国国家治理现代化的核心主题，国家建设的重心明显出现趋向"能力建设"的位移。国家治理现代化开始围绕改革和完善党的领导方式和执政方式展开，通过"制定大政方针，提出立法建议，推荐重要干部，进行思想宣传，发挥党组织和党员的作用，坚持依法执政"六种执政方式，实施党对国家和社会的有效领导，提高党的执政能力。改革开放以来，在市场化改革和社会转型的新背景与新挑战下，党和政府不断寻求有效的国家治理战略，适时调整自己的政策制度体系、组织结构、运行机制和活动方式，不断提高党的科学执政、民主执政、依法执政的水平，提高国家机构的履职能力，提高人民群众依法管理国家事务、经济社会文化事务、自身事务的能力，不断提高运用中国特色社会主义制度有效治理国家的能力。能力建设成为国家治理现代化的核心价值目标，成为保障政治稳定、维系公共秩序、激发社会活力和改善治理绩效的基础性工程，治理能力现代化成为改革开放时代中国国家治理现代化的战略议程，通过优化治理体系以提升治理能力成为中国国家建设的基本价值目标。

第二，危机和问题驱动是中国国家治理现代化的核心动力机制。事实上，国家治理现代化的过程，是一个不断克服治理危机、不断走出治理困境的过程。[①] 一般而言，治理困境根源于治理体系和治理能力与瞬息万变的社会经济政治环境之间的落差，在现代化的过程中，治理危机具有内生性和不可避免性。而一个社会要想成为现代化的民族国家，必须成功地解决一系列政治发展危机，具体包括认同危机、合法性危机、贯彻危机、参与危机、整合危机和分配危机六大方面。[②] 在中国国家建设的历史境遇中，社会经济发展和治理危机是国家治理现代化的基本背景，而治理危机更是诸多重大制度与政策创新产生的主要背景，是国家治理现代化的直接动力。改革开放以来，中国的经济社会形态发生了深刻的转型与变革，而国

---

① 时和兴：《国家治理变迁的困境及其反思：一种比较观点》，《当代世界与社会主义》2014 年第 1 期。

② 鲁恂·W. 派伊：《政治发展面面观》，天津人民出版社 2009 年版，第 80—85 页。

家治理体系的转型与重构很难跟上社会经济生活变革的步伐，治理危机的发生频率与范围空前扩大。治理危机通过挑战现有的治理体系，迫使其做出相应的调整和变革以顺应社会需求和民众的政治期望，进而推动国家治理现代化。如经济生活领域一系列的深层次问题导致党和政府着力改进经济治理方式，积极推动经济发展方式的转变，构建包容性增长模式确保民众能够共享改革发展成果，缓解日益严重的分配危机；社会生活领域的矛盾和危机则通过加强民主法治建设、推进社会治理现代化以有效应对现代国家建设过程中的参与危机和整合危机；政治生活领域的腐败问题同样催生了大量的制度和政策创新，党内治理的现代化为化解认同危机和合法性危机提供了有效的经验借鉴。另外，中国的治理创新以问题驱动为主，具有明显现代性取向的国家治理创新举措多是为了应对原有体制和工作方式中的问题而推出的。毋庸置疑，国家治理现代化是中国社会经济发展的必然要求，社会经济发展的不同历史阶段会产生不同的治理难题，需要党和政府不断推进国家治理现代化以实现有效的治理。同时，在一个高度中央集权的政治结构下，为了降低或者回避创新的政治风险，创新目标以解决实际工作中碰到的问题为主，以解决公众强烈关注的当地现实问题为主，不失为创新者的理性选择。直接遭遇原有治理体制困局的各种治理主体为解决各种治理难题而设计和发起的治理创新，最具可操作性，也最有利于改良和优化现有的国家治理体系，为国家治理现代化提供有效的经验和资源积累。这种不是外部移植而是内生性的国家治理现代化的创新举措，十分强调公众面临的真实问题，能够相对及时而有效地回应公众需求，是极具生命力和活力的国家治理现代化实践。

第三，政府主导和精英驱动是中国国家治理现代化的主体力量。以现代化为取向的中国国家治理创新既不是自上而下的驱动模式，也不是体制外精英"战略构想"指导下的产物，执政党和政府本身就是治理现代化创新实践的主要发起者。其中，各级领导干部的精英驱动作用尤为突出。由于相对集权和个人化的领导负责制，以及政治精英出于激烈的晋升竞争而导致的政绩需求，领导干部对旨在改善政府绩效、提高公众认可度的国家治理创新举措是高度敏感的，各级党政领导干部所发挥的"领导驱动"作用在治理现代化创新实践的启动和运作环节中占据突出位置。从7届"中国地方政府创新奖"的获奖项目来看，绝大多数创新项目的启动主体是各级政府官员，尤其是具体部门中的"一把手"及其决策团队。其中的党政一把手在各种创新实践中更是具有至关重要的作用，如河南省高级人民法院院长张立勇，在陕西省咸阳市秦都区任区委书记时，就以推动当地的改革创新著名。后来不论在咸阳市市长，还是在河南省高院院长任上，都在建立公开透明的政府治理体系，致力于推进地方治理创新方面建树颇丰。又如曾任江苏省徐州市贾汪区区长、后任睢宁县委书记的王天琦，不仅在贾汪区区长任上建立和推动了"公众全程监督政务"的制度创新，而且在睢宁县委书记任上推行了"睢宁吏治新政"，被舆论界称为"第二个仇和"。有创新意识的各级党政领导干部是国家治理现代化中最稀缺、最宝贵的资源，他们是国家治理制度创新的发起者和主要推动者，承受着巨大的政治和经济风险，而合理地配置这种稀缺资源，则是全面深化改革和顺利推进社会主义现代化建设的重要任务。

第四，政治创新与行政创新相结合、制度创新与技术创新相结合、中央倡导与地方主动相结合是中国国家治理现代化的战略路径。改革开放时代的政治创新集中体现为民主法治建设，如强化选举制度的竞争性和民主性，在决策和监督过程中引入协商民主等；而行政创新的内容和数量则远远多于政治创新，如改善公共服务质量、行政审批制度改革和政务公开等方面。政治创新为行政创新提供宏观的制度保障，行政创新则为更有效地发挥制度优势提供具体的体制和机制支撑，政治创新和行政创新的有机结合共同推动国家治理现代化。同时，中国社会正处于转轨过程中，制度创新在国家治理现代化进程中居于非常关键的地位。现有国家治理的制度安排和结构体系对技术创新承认和吸纳的程度，决定了技术创新的传播范围及其创新效应，治理体系的包容性和开放性对技术创新构成了特定的结构性约束。但随着科学技术的快速发展，众多技术手段作为治理工具在国家治理中得到广泛应用，技术创新成为国家治理现代化的重要推动力量。如信息技术革命不仅提高了公共权力行使的有效性和政府运行效率，带来治理手段的创新，而且可能推动组织和制度层面的治理机制创新。如通过网络实现行政审批、政府信息公开和扩大公民参与，以及运用企业管理技术规范政府运作环节和流程等。① 现代信息技术作为国家治理现代化的重要基础设施，技术创新的累积性效应可以逐渐改变一个国家的治理生态，甚至包括权力结构和不同政治主体之间的力量对比，改变制度和公共政策创

---

① 杨雪冬：《简论中国地方政府创新研究的十个问题》，《公共管理学报》2008年第1期。

新的成本—收益的考量和分布，最终为治理模式的转型和更替提供坚实的技术支撑。制度创新和技术创新的良性互动成为加速推动国家治理现代化的重要保障。另外，有效发挥中央和地方两个积极性一直是中国国家治理的基本原则，中央倡导与地方主动相结合是中国国家治理现代化的战略路径。自 20 世纪 80 年代以来，随着财政分权改革以及 1994 年分税制改革的实施，逐步规范了中央与地方的关系，逐步彰显了地方政府的自主性，地方政府主动推动的治理创新成为中国政治发展一道亮丽的风景线。一方面，中央政府的治理行为具有明显的现代性导向，控制了主要资源的中央政府一直是国家治理现代化的倡导者和推动者，是引领国家治理走向现代化轨道的主导力量；另一方面，虽然地方和基层政府尚处于一个从传统向现代转型的历史进程当中，地方治理的现代化是中国国家治理现代化的洼地，是现代政府建构中的短板，但各级地方政府也越来越希望通过治理创新来显示自己的政绩，通过治理现代化纾解地方治理危机，地方政府日益成为国家治理现代化的重要推动力量。改革开放时代国家治理现代化的创新实践表明，政治创新与行政创新相结合、制度创新与技术创新相结合、中央倡导与地方主动相结合共同构成中国国家治理现代化的战略路径。

第五，回应性和非均衡性的增量推进是中国国家治理现代化的首要特征。公民福利、社会秩序和公平正义是国家治理的根本目标，国家治理现代化就是要确保政府积极回应社会需求，主动改善公民的生活质量，有效提升公民的尊严感和幸福感。在中国，随着公民权利意识的觉醒和社会组织的大规模发展，社会组织和公民成为推动国家治理创新的重要力量，国家治理现代化从根本意义上讲则是对现代社会成长的积极回应。现代社会的健康发展为国家治理现代化设定了明确的目标，也有利于执政党和政府辨别和确定治理创新的重点领域。中国国家治理方式的变革是在市场转轨和社会转型的背景下展开的，其中，社会成长是国家治理模式现代转型的内在动力，也为国家治理模式的转型与重构创造了有利条件。同时，国家治理模式的转型有效刺激了现代社会的成长，尤其是创造了更大的政治空间。中国国家治理现代化的核心战略就是在社会成长与国家治理之间构建良性的和谐互动关系，在成长和发育现代政治力量的过程中扩充国家治理资源，不断增强国家治理相对于社会需求的回应性。另一方面，由于国家规模大，地方层级多，中国政治的多样性和异质性都很强，国家治理体系和治理能力现代化的进程、水平和质量在不同的区域和领域之间具有显著的非均衡性。具体表现为：（1）在区域差异方面，东部发达地区相对于中西部地区的国家治理现代化程度更高，推进速度更快；（2）在不同的治理领域，改善公共服务质量的行政改革相比于增进民主程度的政治改革，显得更为活跃和普遍；（3）在现代国家治理体系的构建方面，执政党太过强势，政府掌控的治理资源过多，而社会与公民的力量尚十分羸弱，公民主动的政治参与严重缺乏，实质性的政治影响力严重不足；（4）在国家治理功能发挥的有效性程度方面，差异化也十分明显，政治功能、经济功能发挥较好，而文化功能、社会功能发挥尚有很大改进空间；（5）在国家治理能力方面，资源汲取和社会管控能力较强，而公平分配、利益协调与公共服务能力还远远不能满足社会的正常需求。正是基于国家治理现代化的诸多条件在当下的中国并不完全具备，如成熟的现代公民社会、高度发达的市场经济、成熟完备的现代制度体系等，非均衡的增量推进策略就成为中国国家治理现代化的优选之路。在一个国家治理现代化程度不高的社会生态环境中，执政党和政府在国家治理活动中渐进增加现代化元素，稳步提升国家治理行为的现代性水平，虽有挫折与反复，但最终目标却是明确指向现代化的。事实上，现代化是一个永无止境的过程，没有明确的起点和终点，实现国家治理现代化的历史使命也永远在不断前行的路上。国家治理体系和治理能力的现代性问题只是一个程度不等的问题，而绝不是一种要么全有、要么全无的极化状态。因此，不断增强国家治理体系的回应性，运用非均衡的增量推进策略是实现国家治理现代化的必由之路，也是中国国家治理之所以相对成功的基本经验。

改革开放时代的中国，基本维持和延续了大众认同的核心价值体系、权威的决策体系和有效的政策执行系统，保证急剧社会变迁与制度转型过程中的执政党和政府权威以维系秩序。而市场、社会和公民力量的崛起为治理主体的多元化提供了契机，公共服务生产和供给的市场化和社会化成为改善国家治理绩效的重要经验，也为形成执政党—政府—市场—社会—公民之间多元互动、相互均衡、互惠共生的现代治理结构，有序推进中国国家治理现代化塑造了基本的制度空间，奠定了坚实的政治基础。

四　基本结论

人类发展的历史经验表明，优良的国家治理是决定一个国家综合实力的关键变量，有序推进国家治理现代化是实现长治久安、经济社会可持续协调发展的战略抉择。经过长达数十年的高速经济发展和急剧的社会变迁，中国社会内部积累了大量的治理难题。身处大变革和大转型时代的中国，治理风险类型的多样化、风险主体的多元化和风险关系的复杂化同时并存，逐步迈入高风险社会的中国，其国家治理的时空境遇正处于三千年未有之大变局。其中，居高不下的腐败现象、不断拉大的收入分配差距、屡见不鲜的特权现象、日益明显的阶层固化以及潜滋暗长的公众相对剥夺感和社会怨气，使得党和政府的公信力和执政正当性正在遭受不同程度的削弱，这些治理危机的症候群正在对国家治理现代化提出十分迫切的需求。在当下的中国，某些传统性因素依然是现代化所要超越和摒弃的对象，而极为突出且紧迫的现代性问题以及日渐成型的后现代性问题共时性地出现是造成国家治理困局的主要原因。面对复合型的国家治理历史使命，我们既要拥抱现代性、"走出中世纪"以推进国家治理现代化，同时又要深刻洞悉现代化的代价与现代性的危机，在反思中超越，尽量降低国家治理现代化的成本和代价。通过有效的政治开放和政治吸纳构建包容性的政治体制，通过增强国家治理制度和体制的弹性提升其回应性和调适力，进而确保执政的有效性，是改革开放时代中国国家治理现代化的基本经验。以治理主体的多元化和治理结构的网络化为基础，渐进实现治理制度的理性化、治理手段的文明化与治理技术的现代化，最终达成民主、法治而有效的国家治理，是未来十年中国国家治理现代化的战略愿景。

国家治理视角下的非传统安全

吴　淼

党的十八届三中全会提出要推进国家治理体系变革，以促使国家治理能力的现代化。要完善国家治理体系，首先必须确定国家的治理对象，对治理任务的属性、特征与作用机制进行充分认识，才能建立起与治理职能相匹配的治理体制，从而促进治理能力的现代化。尽管当前我国仍面临着实现社会经济健康发展的任务，但是，经济社会发展过程中的安全问题，尤其是非传统安全正在成为国家和社会面临的主要威胁和紧迫任务。党提出的"提高社会治理水平，全面推进平安中国建设"，就是对这一新形势、新任务、"新常态"的充分认识。因此，要提高国家治理能力，就必须对非传统安全内涵、特征进行深刻分析，研究其是如何掣肘当前国家治理体制发挥作用的，以做出相应的改革并建立与之适应的治理体系，才能保证人民、国家和社会的安全。

但是，由于非传统安全的最初研究源于西方，加上传统学科固守边界，认为"安全研究是国际关系学科的重要领域"[1]，对非传统安全的研究"或立足于国家宏观层面的理论分析，或将其纳入国际政治学、国际关系学等学科的研究视野"[2]。多数学者仍按照西方学者的传统，将非传统安全置于跨国家和超国家的层面进行研究。然而，"与世界上其它国家相比，中国面临的非传统安全问题，既有共性的一面，也有独特的一面"[3]。诚然，随着中国对外交流加强，全球化日益加深，中国的非传统安全议题

---

① 朱锋：《"非传统安全"解析》，《中国社会科学》2004年第4期。
② 罗刚：《法律视野下的非传统安全》，《前沿》2010年第5期。
③ 王逸舟：《中国与非传统安全》，《国际经济评论》2004年第11—12期。

具有跨国家和超国家的共性，但是，由于根植于我国的历史条件、文化传统与社会经济发展的特定阶段，非传统安全在当下具有很强的国内性质，对国家的治理有着重要的影响，仅从国际层面既难以解释非传统安全现象，也无法解决紧迫的安全议题。因此，本文尝试对非传统安全研究进行拓展和转化，从国内政治的层面探讨非传统安全对国家治理的影响以及国家治理的应对之策。

一　非传统安全问题的国家治理转向

非传统安全是随着社会不断发展和人类对更好的生存状态的追求而提炼出来的，它丰富了安全的内涵，提升了安全理论的适用性。长期以来，国家遭受外来者的军事威胁以及由此导致的政治、社会和经济动荡，是安全研究的核心内容和范式。但是，随着工业化和现代化的演进，人类社会面临着新的不确定性和威胁，促使人类对自身的生存状况进行反思和研究，从而导致安全观的拓展和深化。在20世纪70年代初，针对科学技术的滥用、资源的过度使用以及对自然环境的破坏，"罗马俱乐部"提出工业社会增长的极限，首次正式对人类社会的环境安全问题提出警告。随后，学者围绕人类生存和发展的问题，对安全形势进行了判断，认识到人类正面临着与传统国家军事威胁不同的安全问题，现有的安全"是一个发展得非常不全面的概念"[1]。于是，理查德·乌尔曼认为，必须对安全概念进行扩大解释，将自然灾害等环境与生态恶化所带来的恶果纳入构成安全威胁的范围之中，"非军事安全"应该是安全关注和安全研究的重要内容。[2] 鉴于此，他提出了"非传统安全"这一修饰和替代性概念。这种对安全的新认识，也逐渐为社会所认识和接受。在1993年和1994年联合国开发署的《人类发展报告》中，明确提出安全概念必须改变——由单独强调国家安全转向更多强调人的安全，由通过军备实现安全转向通过人类发展实现安全，由领土安全转向食物、就业和环境安全。全球治理委员会在1995年也呼吁必须从过去把重点集中于国家安全的传统做法扩大到包括人民和全球安全上来。与此同时，国际秩序的变化，尤其是由于苏联解体导

---

[1]　Barry Buzan, *People, State and Fear: An Agenda for International Security Studies in the Post-Cold War Era*, Hemel Hempstead: Harvester-Wheatsheaf, 1991, pp. 3-5.

[2]　Richard Ullman, *Redefining Security*, International Security, Vol. 8, No. 1, Winter 1983.

致的冷战格局的瓦解，使得人类社会面临的全局性的战争威胁降低，"非军事威胁"成为更为突出的问题。最直接的表现就是，美国遭受"9·11"恐怖袭击、中国 2003 年的严重传染病"非典"的肆虐以及影响全球的台风、极端天气等环境灾害，这些事件直接和间接影响、威胁到的人群已经大大超过了传统的军事威胁，对人类的生存、发展与价值造成了巨大的危害，不解决这些非军事危害，人类就难以享有真正的安全。① 总之，随着环境和形势的变化，安全观已经不再局限于国家的军事安全，而是更多地集中于人的安全。

"非传统安全"作为一个概念已经被广泛接受，但是，由于非传统安全性质的复杂性和内容的多样性，学者对于这一概念的界定并没有统一的意见，相互之间的分歧也非常明显。② 不过，学者往往都采取比较的方式来界定，认为非传统安全（non-traditional security）作为一种安全观，是相对于传统安全（traditional security）而言的，其含义为由非政治和非军事因素所引发，直接影响甚至威胁本国和别国乃至地区与全球发展、稳定和安全的全国性问题以及与此相应的一种新安全观和新的安全研究领域③。相对于传统安全观仅将指涉对象局限于国家间军事斗争的国家安全，非传统安全则讨论军事安全之外的安全议题，将关注重点从国家转移到不再依赖军事斗争的人类社会和人的安全上来，"以人类维持日常生活基本的精神依托和免于匮乏、天灾以及专制的迫害为最基本的内容和目的"④。对人的安全的突出，是非传统安全与传统安全的本质区别。那么，现代社会中哪些现象对人的安全构成威胁？换而言之，作为与传统安全相异的非传统安全到底包括哪些议题？在西方学术界，尽管在外延和排序上略有差异，但是，在非传统安全的基本议题上，多数学者都认为恐怖主义、环境恶化与气候变化、传染性疾病、大规模杀伤性武器扩散、跨国犯罪、非法

---

① J. Ann Tickner, "Revisioning Security", In Ken Booth and Steve Smith (eds.), *International Relations Theory Today*, Oxford: Oxford University Press, 1995, p. 21.

② 张伟玉、陈哲、表娜俐：《中国非传统安全研究：兼与其它国家和地区比较》，《国际政治科学》2013 年第 2 期。

③ 陆忠伟：《非传统安全论》，时事出版社 2003 年版，第 18—21 页。

④ 崔建树、阮春良：《从"国家安全"到"人的安全"——论"非传统安全"理念及其局限性》，《山东社会科学》2011 年第 5 期。

移民、走私和毒品交易等现象是人类面临的主要非传统威胁。[①] 他们认为，这些问题要么直接危害人的生命、生存，要么通过破坏人类的生存条件和环境从而间接危及人类的安全。

西方学者列举的这些非传统安全现象有着与传统国家治理不同的特质，应对传统安全的治理工具、治理制度也很难发挥作用。超出民族国家的边界，具有不确定性和不可预知性，流动范围广泛，涉及各个主体以及影响重大，这些都是非传统安全具有的显著特征。由此，不仅对付传统安全的军事手段对于解决非传统安全议题无能为力，而且，现代国家管理社会事务的体制和方式也不适应非传统安全。学者们提出，应对这种区域性、世界性和流动性的非传统安全，需要改变传统的治理格局，通过建立超国家的合作机制（区域的、全球的），将广泛的主体纳入治理体系中，充分激发各主体的动机，协同利用多样化的力量、信息等资源。正是西方学者对非传统安全性质和治理模式的以上判断，使非传统安全自然成为一个外交和国际关系的问题，而没有被政治学和公共管理学所重视，这也是非传统安全在理论上很难深入、在现实中很难运用的重要原因。

由于学术的扩散和我国在现代化建设中面临的新形势，中国学者对非传统安全进行了卓有成效的研究。从总体上看，无论研究群体、学科领域、刊物发表，还是研究主题选择和政策倡导，中国学术界都基本上延续了西方学界在该领域的研究路径。但是，中国学者越来越认识到非传统安全问题在不同国家的差异性，甚至同一个国家的不同历史时期非传统安全的表现形式和特点也可能不一样[②]。在这样的思路指导下，中国学者在不否认国际上对非传统安全议题界定的前提下，对中国的非传统安全议题进行了适应性转换、拓展和深化。但是，中国的非传统安全问题到底是什么、有哪些非传统安全议题以及如何排序，这些根本性问题并没有达成广泛共识，不同的学者提出了不同的见解。有学者从国家安全的视角，认为中国在当前和未来一段时间，主要面临按如下排序的六大非传统安全挑战：金融安全、环境安全、信息安全、流行疾病、人口安全、民族分裂主

---

① Barry Buzan and Lene Hansen, *The Evolution of International Security Studies*, Cambridge：Cambridge University Press, 2009, p. 46.

② 张明明：《论非传统安全》，《中共中央党校学报》2005 年第 11 期。

义。① 另外有学者主张，非传统安全议题应该包括两个方面：非国家行为体对国家主权与领土完整构成的军事或非军事的威胁和涉及"人的安全"的议题。对于后者，依据涉及问题的主次、严重性、影响程度和应对能力，分为经济性问题（如资源匮乏）和社会性问题（如公共健康、跨国犯罪、环境与生态问题）。② 还有一种观点认为，我国仍面临国家主权与领土完整的挑战，与其相关的非传统安全议题应处于首要位置，也是资源投入的重点。同时，依据"社会安全与国家安全并重"的原则，应将经济安全（主要包含能源安全、金融安全、粮食安全）、信息安全、"三股恶势力"问题（即宗教极端主义、分裂主义和恐怖主义）列为中国近期面临的主要非传统安全威胁，纳入政府资源配置和学界研究工作的重点。③ 以上仅是几种具有代表性的观点，还有其他和更为细致的划分。④ 尽管本文无法也无须列出所有观点，笔者也难以在此讨论何种观点更有解释力和中国非传统安全议题的精确内容，但是，从所列举的这种代表性的观点中，可以发现学者关于中国非传统安全研究的共同特征，即在既有的非传统安全概念下，对非传统安全议题的内容进行了中国式转换，在坚持"人的安全"这一非传统安全范式的前提下将中国的国家安全和社会安全纳入非传统安全之中，并根据中国社会经济发展状况，对当前和未来影响中国安全的重大问题进行了确认，研究主要集中在将金融安全、恐怖主义、能源安全、环境安全、流行疾病传播等中国正面临而西方非传统安全研究没有涵括的问题确定为中国的非传统安全议题。⑤ 这种非传统安全的中国式转化，不仅丰富了该领域的研究，而且对于应对中国非传统安全挑战将更加有效。

虽然中国研究者对非传统安全进行了中国议题式的转换，但是，仍将

---

　　① 宿景祥：《趋利避害化风险：中国面临非传统安全的六大挑战》，2004 年 8 月 10 日，新华网（http://news.xinhuanet.com/news2center/2004-08/10/content_1751945.htm）。

　　② 李滨：《中国目前面临的主要非传统安全问题及其排序》，《世界经济与政治》2004 年第 3 期。

　　③ 王逸舟：《论"非传统安全"：基于国家与社会关系的一种分析思路》，《学习与探索》2005 年第 3 期。

　　④ 如陆忠伟将中国非传统安全议题列出 17 项，即经济安全、金融安全、能源安全、环境安全、水资源安全、民族分裂问题、宗教极端主义问题、恐怖主义问题、文化安全问题、武器扩散问题、信息安全问题、流行疾病问题、人口安全问题、毒品走私问题、非法移民问题、海盗问题和洗钱问题。参见陆忠伟《非传统安全论》，时事出版社 2003 年版，第 18—21 页。

　　⑤ 任娜：《中国非传统安全问题的层次性与应对》，《亚太研究》2010 年第 5 期。

非传统安全看作超国家的世界或区域性问题，普遍主张通过建立国际合作机制来解决。这种研究状况，不仅未能解决目前非传统安全研究因安全建设中国家利益主导忽视带来的"虚无主义"①，而且导致对中国非传统安全研究的政策倡议与治理对象不匹配的困境，即普遍主张用国际合作来解决中国内部治理问题。诚然，随着现代科技的发展和全球一体化的加快，中国在经济、社会、文化甚至政治方面的国际交流日益频繁，已经完全融入世界秩序之中，因此，西方学者所界定的全球性、区域性和多边性的非传统安全不仅直接影响着中国社会和人民的安全，而且，中国所面临的问题如生态恶化、能源短缺、流行病也具有外溢性，对周边国家甚至全球都产生影响。治理这些问题，需要中国参加到国际社会，建立各种合作治理机制。但是，即便是这些超国家性的非传统安全风险，不仅直接影响国家安全和政治稳定，而且需要国家参与甚至主导其治理。因为，这些问题不仅对国家治理造成影响，也是国家治理的重要内容。更为重要的是，正如学者研究所表明的那样，当前中国的非传统安全议题主要是内部性问题，超国家性不明显甚至不具备。如生态环境安全、经济危机、资源短缺、疾病蔓延、食品安全、信息安全、科技安全等问题，尽管可能受到国际社会的输入和联动，也可能产生局部的外溢效应，但是，从根本上讲，这些问题却是在特定时期内我国社会经济发展过程中所产生的问题，其影响范围主要是国内的人民以及经济和社会秩序。所以，我国非传统安全的独特性，尽管其对社会经济产生重大影响，但是，并不具有典型的超国家性，也难以在国际上找到伙伴来建立合作机制进行解决。所以，中国当下的非传统安全问题，本质上是国家治理问题，需要在将中国非传统安全议题本土化的同时，将治理重点从国际合作转入到国家治理建设上来，使安全问题的"国内解释"成为非传统安全研究的一个重要课题。② 如果将非传统安全与现代民族国家割裂开来，那么，就无法看清非传统安全问题产生的根源以及这些问题以何种面目出现。③

　　另外，从我国目前的形势来看，非传统安全不再是想象的潜在威胁，

---

① 朱锋：《"非传统安全"解析》，《中国社会科学》2004 年第 4 期。

② Michael E. Brown, *Ethnic Conflict and International Security*, Princeton, NJ: Princeton University Press, 1993, pp. 8-11.

③ 崔建树、阮春良：《从"国家安全"到"人的安全"——论"非传统安全"理念及其局限性》，《山东社会科学》2011 年第 5 期。

而是正在直接影响人们的健康、生命和财产的现实灾害，成为危害社会稳定和国家秩序的公共问题，考验着国家的治理能力。比如，日益频繁的极端天气和自然灾害，不仅直接破坏经济运行，特别是农业生产，而且损害居民的房屋、财产甚至健康和生命。严重的环境污染破坏经济发展和居民生活宝贵的土地、水和大气资源，而像雾霾等污染物直接危害人民的健康和生存，诱发包括癌症在内的多种疾病。还有，"三股势力"和反社会个人发动的恐怖性和非恐怖性的对居民的随机攻击，使无辜群众遭受生命和财产损失，造成社会恐慌和安全感丧失。诸如此类的非传统安全问题，已经成为社会广泛关注的焦点。根据中国社会科学院 2012 年的调查，人们对现实不满意前三项分别是物价水平（65%认为很不满意和较不满意）、食品安全状况（53%很不满意和较不满意）和环境质量状况（37%很不满意和较不满意），这三项分别对应非传统安全的经济安全、食品安全和环境安全。这充分表明，非传统安全已经直接影响到居民的日常生活而成为社会关注的焦点，治理非传统安全问题成为当前国家的最紧迫的任务。所以，对于我国而言，非传统安全主要不是寻求国际合作治理的外交问题，而是需要国家进行有效治理的内政事务。

二　作为国家治理问题的非传统安全的特征

如上所述，非传统安全作为世界性的问题，有着不同于传统安全的特征。我国的非传统安全，特别是那些涉及区域性和国际性的议题，在某种程度上也共享这些属性。然而，正如研究者所指出的那样，当前和未来一段时间内，中国的非传统安全更多的是我国处于社会经济发展新时期所面临的新问题，是发生在中国内部并主要对中国形成冲突的问题。因此，我国的非传统安全相对于国际非传统安全具有不同的特征，或者普遍特征在国内有不同的表达形式。而且，作为国家治理的新问题，非传统安全与传统安全、传统国家治理议题几乎是完全不同的现象。因此，非传统安全作为国家治理的新议题具有独特的属性和特征。

跨区域性是非传统安全的突出特征，它使得主权国家的内部治理很难有效应对。作为国家治理的非传统安全，尽管其发生和影响往往更多地局限在国家范围之内，但是，大部分都"没有明确的地域界线，而是扩散的、多维度和多方向的"①。这种跨区域性，是指非传统安全不像传统的国家治理议题那样仅局限在某一特定的地理或行政范围内，而是广泛发生和作用于区域甚至全国范围内。即便是发生在局部地区的非传统安全，往往也涉及多个行政区域，难以根据行政治理边界对其进行分割和隔离。无论是生态恶化、环境污染、能源缺乏，还是价格波动、金融风险、食品安全，以及流行疾病和城市暴力袭击，尽管在局部区域可能更突出，但都是全国性的问题。非传统安全的这种跨区域性，是由于我国社会经济从传统的区域自足和封闭，随着市场经济和科技的发展而形成全国一体化造成的。一般而言，生态恶化、环境污染等非传统风险主要是通过自然地理连接和物质流动造成区域性和全国性；金融风险、食品安全等则在经济和物流网络中一体化；以人为介质传递的流行病、城市暴力袭击等则主要通过社会的流动导致跨区域性；信息安全则主要通过技术网络进行扩散。因此，导致我国非传统安全跨区域性的原因和机制也各不相同，而且不同非传统安全呈现出的跨区域特征也并不完全一样，如恐怖袭击的全国性甚至跨国性比较强，而生态灾害等可能更多地发生在局部区域之内。但是，超出单一的地理边界和行政组织，是所有非传统安全的共同特征，也是非传统安全与传统治理议题的根本区别。

与跨区域相关却又有差异的是非传统安全具有高度的流动性。正如学者所指出的那样，"非传统安全问题产生的影响同时内传和外溢，造成大范围的连锁反应直至危害国家安全"②。换句话说，非传统安全不再像传统安全和国内问题那样影响只局限于某一特定区域内，而是借助于介质和网络，迅速向区域甚至全国、跨国范围扩张，使影响范围和程度不断扩大。例如，2003 年广东省爆发的高致命性的非典型肺炎，最后扩散到全国范围内；污染的空气、水体会从一个区域移动到另一个区域；不安全的农产品和食品会随着物流网流向全国；一个地方的经济动荡会迅速弥漫到全国；等等。总之，在开放的市场经济条件下，流动的自然介质、畅通的交通网络、繁忙的货物流动、紧密的经济和技术网络，为非传统安全在全国各个区域的迅速传播和扩散提供了便利的通道。任何物质、非物质的非传

---

① Terry Terriff, Stuart Croft, Lucy James, Patrick Morgan, *Security Studies Today*, Cambridge: Polity Press, 1999, p. 35.

② 高中建、何宇鹏：《政府管理非传统安全问题的策略探析》，《广西社会科学》2011 年第 12 期。

统不安全因素，都会借助紧密的自然、社会、经济和技术网络迅速扩张，使局部的问题很快成为区域和全国性问题。也正因为这种高流动性，才使得非传统安全不再受地理和行政边界的限制而具有跨地区性。需要指出的是，不同的非传统安全风险的流动性和流动能力并不相同。一般而言，信息类、技术性的非传统安全风险扩张最快；社会性和经济类其次，却能够被发达的信息工具加速扩散，如不真实信息导致的经济和社会恐慌与动荡；自然类的非传统安全风险流动最慢。不过，这只是一般的规律，不同非传统风险需要具体分析。

在处理国家治理问题时，现代社会通常按照某种标准对事务进行分类。我国习惯上将国家治理任务划分为经济类、政治类、社会类和文化类等，在此基础上一步步往下细分，这种治理理念支配下的制度安排在应对非传统安全问题时经常显得捉襟见肘。但是，就我国目前而言，不仅"面临的生存安全问题和发展安全问题、传统安全威胁和非传统安全威胁相互交织"，而且，非传统安全本身就是一种综合安全①，是"政治安全、经济安全、文化安全、社会安全、环境或生态安全等的有机结合"②，具有强烈的混合性。如前所述，国内学者为了方便厘清非传统安全的指涉对象，对非传统安全进行了分类，然而，"各种安全之间相互影响、相互融合、相互制约、相互补充，构成综合的安全系统"③。具体而言，非传统安全的混合性，表现为两个方面：一是非传统安全的每个议题，都具有多重性质。尽管为了研究的方便，需要对非传统安全议题进行分类，但是，每类问题却包括多种性质和领域。尽管每种非传统安全议题在性质上可能有侧重点，但将其看作单一的问题就会犯错误。即便像环境污染这样的问题，也涉及经济、社会甚至政治等领域，而像金融风险、粮食安全、恐怖袭击等更加复杂和综合。二是非传统安全的性质具有转化性和流动性。往往一种性质的非传统安全问题会演变成另一种甚至多种性质的问题，"其造成的影响和危害呈现逐级放大效应"④。除此之外，非传统安全的混合性还表现为其产生原因的复杂性，即非传统安全的产生可能是某类群体或

---

① 王逸舟：《论综合安全》，《世界经济与政治》1998 年第 4 期。

② Thomas Homer-Dixon, "Environmental Scarcities and Violent Conflict", *International Security*, Vol. 19, Summer 1994.

③ 齐琳：《国内非传统安全问题研究述评》，《国际关系学院学报》2005 年第 1 期。

④ 陆忠伟：《非传统安全论》，时事出版社 2003 年版，第 7 页。

地区追求合法目标而产生的意外后果，并不具有本身的故意性，如环境污染、生态破坏、金融风险等都是经济发展或生产过程中产生的问题，牵涉到收益和成本在不同主体之间的分配问题。尽管非传统安全具有性质上的混合性，但是，直接或间接影响居民的健康、生命和财产，从而影响社会稳定和政治安全，却是这种混合性的最终指向。

不同于传统国家治理议题具有任务的明确性和稳定性，非传统安全议题的形成因素具有累积性、多重性和不确定性。这就是说，非传统安全议题是我国在进行社会经济建设过程中，通过一些改变和事件，甚至是非常细小的因素，不断积累、扩散而形成的。尽管有的非传统安全问题时常是突如其来地以一种危机的形式爆发出来[1]，如生态灾害、环境污染和金融风险等，但是，出现这些威胁的原因往往不是主体有意的一次性行为，而是由于各种主体长期的共同作用而导致的。现代社会已经形成一个复杂的连通整体和放大器，非传统安全就是由于单独的、小的事件和行为逐渐积累、连接和演化，最终合成为全局性的风险甚至灾害。[2] 而且，使问题更复杂的是，形成非传统安全风险的因素不仅非常复杂，甚至有的根本就难以识别。比如中国的人口安全、金融风险、城市随机暴力袭击等，都是由经济、社会、文化甚至政治等多种因素造成的，甚至具有来源的不确定性[3]，要清楚区分各种因素非常困难，更不用说明确每种因素的影响机制与权重。还有，并不是所有社会经济活动中的行为和局部波动都会带来不可预期的挑战，因此，要对非传统安全进行提前预测和评估往往并不容易。如中国当前出现的雾霾问题，尽管科学家可能预见会发生，但是，要准确地预测到当前的状况、形成机制和危害，是非常困难的。非传统安全的累积性在不同的议题上表现是有差异的，有的非传统安全议题相对比较简单，如食品安全往往就是农业生产环境破坏、生产物资污染或者操作不规范所致，有的却是非常隐蔽和复杂。总体而言，非传统安全危害的发生和影响，已经超越了明显的因果关系和可见的物理学作用机制。

从国家治理的角度来看，非传统安全的最后一个特征就是具有隐藏性，甄别难度大、成本高昂。如果说，传统安全和国家治理是"看得见"的威胁和任务的话，那么，非传统安全就是"看不见"的挑战和威胁。非

---

① 陆忠伟：《非传统安全论》，时事出版社2003年版，第1—7页。
② 俞晓秋、李伟：《非传统安全论析》，《现代国际关系》2003年第5期。
③ 傅勇：《试论冷战后的非传统安全问题》，《社会科学》2003年第10期。

传统安全的这种隐蔽性，是指非传统安全的产生原因、形成机制和影响路径往往不具有可见的外形或者外形难以显示的特征，需要由专门的机构和人员，利用专业知识甚至专业设备才能识别、判断和处理。如前所述，尽管某些非传统安全具有爆发性，但是，绝大部分非传统安全却是累积的和渐变的，这就使得非传统安全除非爆发，否则很难低成本地发现，"常为人们所忽视"①。而且，像金融风险、社会风险等在爆发之前不具有明显的外化物质载体，而且这些风险和挑战的产生，本身是各个主体从事生产和生活活动，甚至是合法追求利益的过程中，相互作用导致的局部或整体失调而出现的后果，最终的灾难性后果可能缺乏明显的故意主体和破坏性行为。这种无形性、合成性的机制，使非传统安全不具有直接的外显形式，必须由相关的机构如经济部门通过收集大量信息，利用专业知识进行评估和预测。但是，这种预测往往并不十分准确。更为重要的是，非传统安全是现代社会的产物，是由于科学和技术在实际运用过程中所产生的问题。如食品安全、环境污染、信息安全等，都是人类在利用现代科学技术及其产品，为了改进生产和改善人类的生活过程中所带来的负的外部性。因此，技术的创造和使用本身就具有不确定性和风险，合法利用和非合法使用的边界也并不十分清楚和容易识别。更为糟糕的是，对这种技术性的风险进行判断和处理，必须是技术性的②，这不仅带来较高的经济和社会成本，而且在管理者与被管理者、公民和公共管理部门之间存在着严重的信息不对称。总之，非传统安全是随着科学技术发展，经济社会生活日趋复杂化和多样性产生的现象，已经摆脱了传统社会简单、直观和外显的国家治理而使其具有隐蔽性，这种隐蔽性导致非传统安全在治理过程中出现严重的非对称性，从而使国家治理复杂化。

三　非传统安全对国家治理的挑战

一个国家的治理，往往是历史的产物。我国目前的国家治理，无论是职能设置、权力分配还是治理程序，都是新中国成立后，为了适应社会主义建设特别是计划经济而建立起来的。改革开放以来，为了推进和适应社

---

① 俞晓秋、李伟：《非传统安全论析》，《现代国际关系》2003 年第 5 期。
② 任娜：《中国非传统安全问题的层次性与应对》，《亚太研究》2010 年第 5 期。

会主义市场经济和现代化建设，通过机构改革、权力下放和依法治国等政治和体制改革，使国家的治理体系更加完善，治理能力得到大幅度提升。但是，非传统安全具有与现代化建设、传统安全和供给公共物品等政府的传统职能不同的特征，对国家的治理有特殊的需要。我国目前的国家治理不仅仍处于发展之中，更为重要的是非传统安全是全新的问题，因此，使得国家治理在应对非传统安全时面临着严重的冲突、挑战和无力。

中国是一个人口众多、地域辽阔和区域差异明显的大社会，以历史为基础划分行政区域，建立各级地方政府以负责各自辖区的管理任务，是实现国家治理的有效途径。在中央政府以下，我国划分了省级、市级、县级和乡（镇）行政单元以及村（居）级自治组织，在每个层级建立相应的政府组织，按照国家法律法规对区域内的事务进行管理，从而形成按属地管理原则的区域负责制。但是，我国的这种行政区划管理体制与非传统安全的跨区域性所需要的管理不相适应。首先，非传统安全的管理对象、治理责任难以进行分割和划分。无论是生态破坏、食品安全或者是经济风险，都是区域性甚至全国性的问题，产生风险的因素、影响范围往往是多个行政区域和多个层次，并且很难按照行政单位划分管理任务和职责。区域负责制与非传统安全的跨区域性的不匹配，使得非传统安全的治理任务难以有效地分割为各个政府的管理职责，从而导致管理主体缺失、管理职责互相推诿等治理困境。其次，非传统安全的外部性使行政区域责任机制运转不灵。非传统安全的跨区域性和流动性，使得其管理具有很强的外部性特征。具体而言，由于不能在各个区域政府间明确事故责任和管理责任，导致管理成本或者管理收益不能很好地内部化，甚至一个区域的管理成本直接是另一个区域的收益，而区域间又缺乏明确的转移支付机制，从而鼓励"搭便车"、转嫁成本甚至"损人利己"的行为，导致政府从事非传统安全管理的动力和压力不足。最后，属地化管理使非传统安全治理的合作、协调机制难以建立。跨区域性和流动性，使得在相关区域内划分管理对象、管理职责不可能或者不经济，因此需要建立跨行政边界的合作和协作机制。但是，我国目前的垂直管理和各级各类政府的相对独立的财政、人事、组织和事务的管理机制，使得平级、跨级的政府间合作和协作面临制度、组织、经费和程序上的壁垒，合作的交易成本高昂，难以建立协调一致、运转灵活和资源充足的非传统安全治理机制；相反，往往出现各自为政，互不协调甚至相互拆台的"囚徒困境"。总之，我国行政区域和属地管理原则，在面对非传统安全时面临着责任难以划分、外部性内部化困难以及合作、协作机制建立不起来等问题，既使存在的非传统安全议题难以有效治理，又有可能加剧甚至产生新的非传统安全威胁。

分级负责、分类管理是科层制的基本特点，也是人类应对复杂社会事务的制度创新。自成立以来，为了适应社会主义现代化建设的需要，我国从中央到地方都建立了以职能为基础的政府部门管理体制，分类负责社会各项事务的治理。尽管职能部门制适应现代社会高度专业化的需求，而且学者也常常从生态、经济、社会、信息等方面去划分非传统安全议题，但是，非传统安全强烈的混合性，使职能部门制在实施运行中面临着巨大的冲击。第一，在政府内部划分部门和单位的治理非传统安全的职责非常困难。非传统安全议题往往涉及各个领域，而且这些领域很难低成本地进行分割。比如食品安全问题，涉及农业、环境、工商、质检、卫生和经济等多个部门，要清楚划分各自的职能异常困难。但是，明确各自的管理任务和职责，是职能部门制的前提。既然非传统安全的混合性使管理任务难以在各部门清晰划分，部门间的互相推诿、搭便车和不合作等现象就必然会出现。第二，非传统安全使部门间的职能目标冲突加剧。应该说，在国家治理中政府部门职能目标冲突、利益不一致是常见的现象，但是，非传统安全却加剧了职能部门间的冲突。从中国当前的情况来看，非传统安全议题多数都是由于经济、社会发展所造成的，"持续高速增长带来了一系列非传统安全问题"①。反映到国家治理层面，就是国家的发展目标与安全、环境目标的冲突，直接体现为经济部门与环境、安全部门的职能冲突和矛盾，从而导致部门内耗、政策冲突和安全问题被边缘化等问题。第三，职能部门的专业化难以满足非传统安全的综合性治理需要。在现代科层制下，通过将部门职能分解、设置细化的组织架构、配备专业人员和设施以及制定相应的管理制度，将国家治理职能分解到每个操作单元和岗位，形成高度专业化的管理机制，以实现任务的可管理和提高效率。但是，非传统安全的混合性以及难分性，在实际管理过程中往往需要进行综合管理，而不是进行分解，这导致专业化管理无能为力，使非传统安全管理成为国家治理中的"疑难杂症"。综上所述，非传统安全议题所具有的

---

① 余潇枫、王江丽：《非传统安全维护的"边界"、"语境"与范式》，《世界经济与政治》2006 年第 11 期。

混合性，使得以职能为基础的科层制管理面临着任务难以区分、部门职能冲突以及专业化失效等问题，使国家治理的职能整合和部门协调成为紧迫问题。

为了规范管理行为和提升管理效率，现代国家治理都趋向建立完整的管理流程。经过新中国成立后的探索，尤其是改革开放后的不断完善，我国治理的制度化、法制化和程序化逐渐建立起来，根据治理任务的性质确定管理职能、配置管理资源、规范管理流程和实现管理监督与反馈，以实现国家治理的规范化、程序化和日常化。流程化的治理机制，要求管理任务明确且稳定，能够分解成与管理部门职责相匹配的任务。因此，面对非传统安全的累积性，国家的这套机制面临着功能失调。首先，非传统安全任务的不明确性使流程化管理失效。尽管非传统安全的破坏作用可能突然爆发，但是对其治理却是"需要及早的、长期的预防，而不是当务之急的解决和处置"①。而这种长期的、预防性的工作，由于具有弥散性和不确实性，因此，难以分解为可操作的部门管理职责，更不用说细分为阶段性任务以进行常规化的流程管理。其次，非传统安全的不确定性使国家治理"配置"面临难题。国家对社会的管理，都是基于对当前任务的评估，根据需要建立相应的组织、配置人员、划拨经费、购置设备和技术，因此，不仅国家的治理任务、对象要求明确，更为重要的是，国家的治理能力、治理技术和组织技巧是固定和有限的。但是，非传统安全的治理任务不仅性质复杂，而且管理任务变动性很大，既可能是低成本的日常监护，也可能是全局式的爆发性救济，更多的可能则是处于二者之间。更麻烦的是，掌握非传统安全的变化规律并不容易。因此，评估、预算恰当的公共资源以应对非传统安全非常困难，公共资源不足与浪费交替或并存就是难以避免的现象。再次，程序化的管理不适应非传统安全管理的动态性。由于非传统安全具有合成性、累积性，因此，需要管理部门主动开展工作，利用专业技术和设施去收集、处理、分析数据，然后确定管理任务和措施。这种管理工作不仅要求管理部门具有主动工作精神，而且需要具备相应的设施、技术和专业人员。但是，程序化的国家治理机制，既没有足够的管理资源，更缺乏灵活的工作机制应对这种动态化的非传统安全。总之，非传统安全的累积性使得程序化的国家治理面临对象不确定、管理资源缺乏以

---

① 齐琳：《国内非传统安全问题研究述评》，《国际关系学院学报》2005 年第 1 期。

及管理方式不匹配等多方面的挑战，充分显示国家无法单方面应对非传统安全问题，国家治理能力的不足表现非常明显。

大型复杂社会的治理，必须建立系统化的岗位职责体系，通过任务分解、过程监控和结果考评等程序，对部门和个人的管理过程和绩效进行监管，最终达到奖优罚劣，以促进部门和个人忠实履行治理职责来实现社会的协调管理。在国家治理规范化和法治化的过程中，我国政府的职责分配、岗位设置和绩效考核制度逐渐完善起来，借此调动管理部门的积极性和主动性。但是，这套对国家治理主体（即政府部门和工作人员）的激励和约束机制良好运行的前提是，管理职责不仅能够分解，而且可以测评。但是，在治理非传统安全时，由于其隐藏性导致治理任务、治理行为和结果都不容易量化，使得对管理者的激励和约束面临着巨大的困境。首先，非传统安全治理很难事先分解为具体的管理任务。非传统安全的跨区域性、混合性、累积性和隐藏性，使得要确定非传统安全的管理任务，细化为可操作的管理职责非常困难。特别是隐藏性，导致治理任务难以外化为可见的物质形式。治理职责不能合理确定和分解，很容易导致管理部门虚报管理职责以争取更多的资源，甚至主动包揽没有能力承担却对部门有利的工作，或者低估管理风险然后推卸部门和个人的责任，从而加剧职责分配的矛盾和复杂性。其次，非传统安全管理过程的专业性往往诱发管理者降低努力程度。就我国目前而言，非传统安全的管理主要表现为制定标准、监督和管制经营主体的行为以及产品。这种过程性的工作，不仅需要专业而复杂的知识和技术，还需要大量的管理资源，如人力、物力的投入。而管理过程和投入，对于部门的管理者和公众而言，除了查看其记录和汇报外，往往很难了解真实情况。由此，导致管理部门在实际管理过程中"偷工减料"，虚报工作投入；更为重要的是，管理部门往往被经营主体"捕获"，收受好处之后对违规甚至违法活动听之任之。[①] 最后，非传统安全管理的非物质性导致绩效难以考核。非传统安全治理，主要是行为规制、风险管控、隐患消除以及灾害救济等，除明显的管理失职而出现诸如环境污染、经济波动、社会动荡、食品安全事件等有重大损失和社会影响的后果外，常规的绩效往往只能通过专业的数据、记录表现出来。非传

---

① 吴淼、吴薇：《农产品质量安全管理中的政府行为逻辑》，《社会主义研究》2012年第1期。

统安全治理绩效的专业化壁垒，使得管理者具有明显的信息优势。日益理性化的管理者往往利用这种信息不对称虚报业绩、掩盖不足和欺骗公众而难以受到应有的惩罚，从而导致非传统安全管理中的"柠檬市场"。总之，在市场经济条件下，追求部门和个人利益的管理者会充分利用非传统安全的技术性和隐藏性造成的管理任务不明确、管理过程和结果的信息不对称，尽量争夺资源、推卸责任、偷工减料、渎职受贿和虚报业绩，使基于明确职责的管理和考评机制难以发挥作用。

当然，由于我国正处于社会主义现代化建设之中，社会经济正从旧体制向新的更高阶段转型，国家治理也处于改革和发展过程之中，存在政府职能过多、职能分配不合理、规章制度不健全等问题。国家治理体系本身的不发达和不健全，使得对非传统安全的管理捉襟见肘而难以应对。但是，从上面的分析来看，由于非传统安全的独特性质，使其具有与传统国家治理任务与对象不同的治理需要，即便现有的治理体系高度发达，也难以满足非传统安全的需要。我国目前的治理体系与非传统安全的不适应和不匹配，不仅导致地区、部门之间在管理职责、资源分配等方面矛盾重重，而且使得传统的科层管理、绩效考核难以发挥其功效，不能有效促使管理部门和人员积极从事管理活动，以保证人类生存的环境、资源以及身体和生命的安全。相反，国家治理与非传统安全的不适应，还加速、诱致了非传统安全的发生和影响范围的扩散。正如学者所指出的那样，多数的非传统安全问题"根植于经济结构和政治体制的不完善，并且往往蔓延恶化于拥权者的官僚自大和漫不经心"[1]。为了更好地保证人民的安全，维护社会秩序和国家的安全，必须面对非传统安全对国家治理的挑战，建立与之相适应的国家治理体系。

四　适应非传统安全的国家治理改革

安全事务永远关乎人的安危和社稷民本，保障安全始终被认为是执政者的首要责任，与国家的治理过程密不可分。面对日益严重的非传统安全威胁和国家治理应对的捉襟见肘，要实现"提高社会治理水平，维护国家

---

[1]　王逸舟：《全球政治和中国外交：探寻新的视角与解释》，世界知识出版社 2003 年版，第 14 页。

安全，确保人民安居乐业、社会安定有序"的国家善治目标，必须根据非传统安全的治理特征，改革和完善国家治理，建立与非传统安全相适应的国家治理体系，以促进国家治理非传统安全能力的现代化。

首先，将治理非传统安全作为重要职能纳入国家治理体系建设的顶层设计之中。非传统安全作为直接威胁人类健康和生存环境的公共问题，有着与传统安全和国家治理不同的特征和治理需求，将其归为传统的国家职能不太恰当，而是应该将其视为国家新时期的一项新职能以突出其重要性和严重性。我国目前正在进行国家治理改革和建设，以适应新形势特别是社会主义市场经济建设的需要。在这个过程中，不仅应该将非传统安全作为国家治理改革的重要环境，而且应该从国家长治久安和社会持续发展的高度，在设计国家治理模式时，将非传统安全作为国家治理的一项重要内容纳入其中。任何轻视、忽视非传统安全，或者仅仅将非传统安全视为附属性的国家任务，都无助于国家治理能力的现代化。作为一项新的国家职能，对于非传统安全的认知仍严重不足，因此，国家应该鼓励、支持对于应对非传统安全作为国家治理职能的科学研究，认识非传统安全的发生规律、影响路径和对国家治理的需要，以更好地制定国家治理改革的方式和内容。同时，国家应该将非传统安全纳入新成立的国家安全委员会之中，使国家安全"不仅仅负责对外，也要负责对内"①。通过国家安全委员会，对包括非传统安全在内的国家安全问题进行领导、规划和管理，制定国家应对日益严峻的国家安全问题的顶层制度和政策设计，从国家治理的规划、组织等方面来建立非传统安全的治理组织体系和管理制度。同时，国家安全委员会应该组织专家规划、起草非传统安全的法律法规，从国家法律和制度的层面统筹设计治理非传统安全的任务确认、职能分解、制度规范和治理措施等，在将非传统安全整合进国家治理体系的同时，逐渐实现治理的法治化、日常化和现代化。

其次，通过优化国家结构来建立非传统安全合作、协调治理机制。非传统安全的跨区域性，需要对我国当前的国家结构进行优化，更好地处理中央与地方和地方政府间的关系，建立良好的区域合作、协作机制，以充分发挥各级政府的积极性，克服管理过程中的地方保护主义和"搭便车"

---

① 《国家安全不仅是传统安全，非传统安全也很多》，2014年5月7日，中国网（http：// www. china. com. cn/news/txt/2014-05/07/content_ 32307755. htm）。

现象。从我国目前实际情况来看，最紧迫的任务是明确强化各级政府的责任。非传统安全的跨区域性，并没有完全否认和模糊具体行政部门的职责，如生态危机、环境污染、食品安全以及恐怖主义，尽管其影响是跨区域性甚至全国性的，但是，从其发生来看，却是在具体的区域。因此，首先必须明确这些区域内政府的职责，增强治理能力，以保证地方各部门努力将非传统安全问题在各自的辖区内解决，而不是"祸水外流"。对于不能分割的管理职能，应该探索跨行政单位的合作、协作机制。除了发挥现有层级单位制下上级政府（和组织）的协调功能外，还要建立跨行政单位、跨区域的议事平台，由各行政单位负责人定期或不定期召开会议，讨论分解治理职责、处理交叉问题和治理资源筹集等问题，建立灵活的联合治理机制。同时，完善区域性或全国性的转移支付和补偿机制，调动各行政单位治理非传统安全的积极性和主动性，使认真对待非传统安全的单位至少在财政方面的利益不受损失。最后，完善我国的垂直管理体制，将区域性、全国性的非传统安全问题由全国统一的职能部门来管理。通过充分发挥公安、司法、税务、环保、质检和食品安全这些垂直管理部门的作用，由中央统一分配职责和治理资源，以打破行政区域的边界和地方保持主义，更好地与非传统安全的跨区域特征治理要求相一致。目前，除了要更好地处理垂直管理的"条条"与区域管理的"块块"之间的关系外，更重要的是对垂直管理布局进行调整，按照管理对象的特征设置区域管理部门，而不是强求与现有的地方行政层级一致。

再次，建立体现非传统安全治理职能主体性的部门协作机制。非传统安全的混合性，使得需要在完善政府职能部门制之下，建立跨部门的协作机制。针对我国目前非传统安全管理职能被忽视、管理部门边缘化和从属化的现状，首先需要确立非传统安全治理的主体性和独立性，充分认识到治理非传统安全对于保障人民权益和国家安全的重要性，改变以前仅将非传统安全看作经济社会发展中的附带和没有收益的"善后"问题，在以法律和制度保证环保、质检等部门独立行使职能的前提下，通过增加投入来提高其完成工作的能力，改变非传统管理部门从属地位和"拖后腿"的形象。在此基础上，以国家机构改革、建立大部门制为契机，强化政府对经济、社会运行的宏观调控和监督职能，把防范、化解和救济非传统安全职能纳入机构调整之中，将非传统安全治理职能尽量分解到各个部门之中。对于综合性、不能分解的非传统安全问题，可以采取两种方式：一种是指定某个部门作为管理首要责任主体，承担管理的主体责任和协调功能，明确规定其他部门的协作任务和职责，以解决平级部门互不买账的困境；另一种就是在保持多部门共管的体制下，建立跨部门的协调机制，如领导小组、工作小组，由党（政）领导主持、部门负责人参加的合作、协调组织，使部门间非正式的协调机制组织化和制度化，保证部门的协调、沟通和合作。另外，可以充分利用我国党政领导分工负责、政府职能归口管理的制度，以解决非传统安全混合性带来的部门协作问题。根据非传统安全的性质，职能交叉、需要合作的部门由一个分管领导（党委或政府）或几个领导负责，这样，部门的合作要么由负责的领导协调，要么变成几个党政领导协商，部门间的交易变成主管领导的协调，将极大地降低交易成本。

复次，实施以充分授权为核心的非传统安全管理模式和机制。非传统安全的累积性和不可见性使传统的科层式和程序化管理失效后，需要建立新的治理模式和运行机制。根据非传统安全的特征，新的治理模式和机制的总体特征是总体授权、弹性管理和网络化协作。首先应该对非传统安全管理的实施部门和人员充分授权，改变传统的科层管理权力集中的现象，让各个管理主体有充分的权力主动采取各种措施去监控、发现和处理非传统安全风险，而不再用固定的管理流程去约束管理者的手脚。充分授权后，对管理主体的激励和考核，就相应地从项目化的日常考核变为总体性考核与激励。即对非传统安全的总体状况评估，而不是细碎化的日常工作考核来决定管理主体的业绩，以防止管理者用复杂的日常行政代替非传统安全的有效治理。当然，非传统安全的总体性考核非常复杂，除了利用事故责任倒推外（即只要发生非传统安全事故，除非管理主体能够证明其尽责外，一律严厉追究其管理责任）[1]，更多地要引入社会监督机制。充分授权，自主行为选择，结果总体考核，便于激发管理部门的主动性和能动性，使其主动、认真地监控非传统安全的发生过程，并采取恰当的措施进行应对。更为重要的是，为了提高部门的治理能力，应该将分散在各个部门的非传统管理资源整合成网络化的管理资源。在授权和弹性考核的基础上，把各个管理部门的专业管理人员、设备和技术纳入网络化的平台之

---

① 吴森：《激励不相容与农产品质量安全公共治理困境》，《华中科技大学学报（社会科学版）》2011年第4期。

中，在不改变产权和不影响日常工作的前提下，建立相互使用、借用和合作的制度，既弥补专业化带来的能力不足，又促进信息共享、资源互用，提高非传统安全管理的效率。

最后；通过吸纳社会力量参与治理来实现传统政府管制到现代合作治理的转变。诚然，解决非传统安全问题，国家扮演的角色不可替代①，但是，非传统安全的广泛性和高危害性，使得"全球性参与以及国家、社会和个人的共同努力，才是增进安全的有效渠道"②。因此，在国家治理变革过程中，需要抛弃传统单纯依靠政府实施行政管理模式，建立各种社会力量参与的合作治理模式。非传统安全直接涉及民众的健康甚至生存，因此公民有强烈的动机积极参加非传统安全治理。而且，随着现代信息技术的发展，电子移动终端和新媒体的普及，全覆盖的社会化的网络系统建立起来。国家应该充分利用这一资源，建立民众传播信息、表达意愿的平台，并规定管理部门的回应职责，使管理部门低成本地获得更多的信息，解决非传统安全管理信息不对称、管理能力不足的问题。同时，通过民众的监督和检举，从行政系统之外给予管理部门压力和激励，促进其更好地完成工作。当然，为了披露和提供更多的信息，监督政府和市场经营主体的行为，国家应该给予媒体足够的空间并建立政府回应机制，以利用媒体的优势提高政府治理能力和监督管理部门。而且，为了弥补政府治理能力不足和节省行政成本，专业化的非传统安全检测、监控甚至救济可以通过服务外包等方式，交由营利的市场主体或者非营利的社会组织来承担，既利用市场和社会的激励机制，也充分利用已有的技术、人才和设备网络，提高整体的非传统安全治理能力。另外，合作治理除了民众、企业和社会组织作为管理者参加之外，更重要的是作为行为者参与。即国家要通过各种渠道，把防止非传统安全发生、扩散和爆发的信息传递给社会各主体，并形成社会的行为规则，使行为主体在从事生产生活过程中，自觉规范自己的行为，以减少非传统安全风险的发生。合作治理既是一种新的国家治理理念，更是一种实践制度，需要建立相应的组织网络和制度平台来实现，这是国家治理变革必须考虑的问题。

---

① 崔建树、阮春良：《从"国家安全"到"人的安全"——论"非传统安全"理念及其局限性》，《山东社会科学》2011年第5期。

② 朱锋：《"非传统安全"解析》，《中国社会科学》2004年第4期。

结　论

　　科技的发展和社会的转型，使非传统安全作为直接影响人类生存的威胁呈现在中国面前。尽管这种威胁首先是被学者当作跨国家问题而提出和研究，但是，对于中国而言，非传统安全议题无论从发生场域、危害致因和影响范围都主要限于国家之内，是典型的国家治理问题。因此，虽然中国面临着跨国性的非传统安全国际合作治理的问题，但是，社会的紧迫需要却是非传统安全研究必须从国际合作转向国内治理。非传统安全既与以军事斗争为核心的传统安全有显著差别，也和国家管理的常规事务完全不同。作为国家治理任务的非传统安全，范围上的跨区域性、形态上的流动性、性质上的混合性、发生机制上的累积性和表现方式上的隐蔽性是其独特属性。尽管我国的国家治理经历不断改革和完善，但是，非传统安全作为独特的治理问题却从根本上对现有的国家治理提出了严峻的挑战。非传统安全的跨区域性和流动性使我国行政区划制度失灵，混合性导致职能部门制运转不畅，累积性使程序化的科层制失去发挥作用的前提，而隐蔽性使以可测绩效为前提的岗位责任制无法落实。国家治理与非传统安全的不匹配，要求在进行国家治理体制变革过程中，必须充分考虑非传统安全的特殊需求，将非传统安全作为国家新职能纳入国家治理变革的顶层设计中，优化国家结构，完善职能部门合作，建立授权、弹性和网络化的运行机制，引入合作治理的理念和模式。与此同时，要不断强化国家治理的规范化、法治化和制度化，从整体上提高国家治理能力的现代化。当然，由于非传统安全的复杂性和多样性，国家的治理现代化将是一个探索性、渐进性的过程，需要持续地关注和研究。

论坛荟萃

"第二届国家治理体系和治理能力建设高峰论坛"综述

刘彬彬* 郭恒硕**

2015 年 5 月 23 日，华中科技大学国家治理研究院举办第二届国家治理体系和治理能力建设高峰论坛。来自教育部教育发展研究中心、国家发展和改革委员会、湖北省委省政府、湖北省社会科学界联合会、中央党校、中央编译局、中国可持续发展研究会等单位的领导和研究人员，与来自清华大学、武汉大学、华中师范大学、重庆大学、广州大学、华南师范大学、华南理工大学、华中科技大学等高校的专家学者共同出席了本次论坛。

华中科技大学校长丁烈云教授在致辞中指出，党的十八大以来，推进国家治理体系和治理能力现代化已经上升为党和国家的最高意志。推进国家治理现代化不应只是源自中央的顶层设计，更需要人民的智慧，各级各类智库尤其肩负着义不容辞的责任。丁烈云充分肯定了国家治理研究院一年来在整合资源、申报课题等各方面取得的成绩，希望其能建设成学校人文社科交叉研究平台和国家治理体系和治理能力建设湖北省协同创新中心，并在三年到五年内建成国内外具有一定影响力的高校新型智库。

围绕"国家（地方）治理的理论与实践"的主题，本次论坛设置了多场主题报告会和专题发言，8 位专家做了精彩的主题报告，12 位学者分别做了精彩的专题报告。与会学者展开了热烈的研讨。

---

* 刘彬彬，华中科技大学国家治理研究院，华中科技大学哲学系，湖北武汉 430074。
** 郭恒硕，华中科技大学马克思主义学院，湖北武汉 430074。

一　"四个全面"治国方略的阐述与实施

教育部教育发展研究中心主任张力从政策的延续性角度阐述了"四个全面"战略布局，指出邓小平提出的"社会主义现代化'三步走'"战略成为此后历届党和政府进一步推进和落实的目标。十八届四中全会对全面推进依法治国作出的新部署，与三中全会确定的全面深化改革的总目标相一致，就是推进国家治理体系和治理能力现代化。全面深化改革与全面推进依法治国的关系是一破一立，攻坚克难与建章立制，犹如鸟之双翼、车之两轮，共同保证全面建成小康社会奋斗目标的顺利实现。习近平总书记提出的"四个全面"战略布局，既有战略目标，也有战略举措，每一个"全面"都具有重大战略意义。全面建成小康社会是我们的战略目标，全面深化改革、全面依法治国、全面从严治党是三大战略举措。

国家发展和改革委员会社会发展研究所所长杨宜勇教授认为，"四个全面"战略布局的"全面建成小康社会"战略目标到2020年实现了之后，应当以"建设社会主义福祉社会（2020—2050）"为下一个目标。在这个目标下继续深入开展全面深化改革、全面依法治国、全面从严治党三大战略，最后顺利地实现中华民族伟大复兴和中国梦的目标。

华中科技大学国家治理研究院院长欧阳康教授从省域治理的角度指出，"四个全面"战略布局必须贯彻到省级以至于基层治理单位，从战略到制度、到措施真正落实下来。

二　国家治理的理论与实践研究

国家治理的概念、理论以及实践是研究的核心问题，也一直是研究的重点。与会学者从不同的学科视角、不同的观察视角展开了研讨，进一步丰富和深化了关于国家治理的研究。

（一）国家治理相关基础概念的辨析

华中科技大学国家治理研究院研究员、哲学系吴畏教授提出，对于基础概念的理解，首先要做必要的前提分析，其次要理清概念的内在逻辑，进而运用概念构建一个合理的理论。中国的国家治理研究只有进一步阐发更为基础的概念，构建既属于中国治理又对于全球的学术研究有价值的概念，才可能获得关于国家治理研究的话语权。国内学术界之所以不能比较准确地区分治理（governance）、善治（good governance）和管治（government）这三个概念，一是由于对外来词的理解和翻译存在门户之见；二是没有很好地去分析这些概念背后的元概念。善治的本质是一个评价判断，必须从最基本的规范开始。我们应当基于中国的文化、历史等形成一个区别于西方的善治理念。

华中师范大学马克思主义学院龙静云教授认为，国家治理是在扬弃国家统治和国家管理基础上形成的一个概念。国家治理体系由多重治理领域、多元治理主体、多种治理手段三个方面有机组成。

华中科技大学哲学系韩东屏教授认为，国内外在界定管理与治理的概念这个问题上存在普遍的混乱，影响了国家治理理论的有效阐发和有效运用。管理是主体规划、控制和处理自身事务的日常活动。"治理"这个词在先秦已被运用，表示治疗、调理或者整治、修理，是主体在有毛病时进行的一种特殊活动、非正常活动。治理是特殊时期的管理，而不是管理的替代概念。在崇尚民主的社会，负责行使国家管理职权的政府应当按如下六个步骤行事：（1）根据民意确定问题清单；（2）由民众确定解决问题的指标；（3）政府确定解决问题的内部责任主体；（4）责任主体提出解决方案交由民众审批；（5）民众与民意机构监督实施过程；（6）民众验收解决成果，论赏罚。

（二）国家治理体系和治理能力现代化与法治

张力认为，推进国家治理体系和治理能力现代化，关键在于实现国家治理法治化，需要牢固树立法治是党治国理政基本方式的理念，善于用法治精神引领国家治理、用法治思维谋划国家治理、用法治方式实施和推进国家治理，保障党和国家各项事业在法治轨道上运行。

欧阳康指出，依法治国是推进国家治理体系与治理能力现代化的重要举措，没有良法难以实现善治。良好的立法，通过立法列明权力清单和责任清单，要使政府及官员做到法无授权不可为；对于民众而言，则法无禁止即可为，权利和自由得到保障。

（三）国家治理的传统资源

华中科技大学国家治理研究院研究员杜志章和武汉轻工大学马克思主义学院副教授杨华祥指出，儒家实学作为儒学从宋明理学向近现代转型的学术思潮，又受两次西学东渐的影响，发生了一系列的观念转变：（1）从道德治世到科学经世的治国理念转变；（2）从君主专制到民本君客的政治理念转变；（3）从以吏为师到严吏宽民的行政理念转变；（4）从八股取士到宽进严用的人才选拔观念转变；（5）从一家私法到天下为公的法律精神转变。儒家实学的思想可以为中国当前的国家治理提供很多有益的启示。

（四）科技进步与国家治理

丁烈云指出，国家治理要以大数据的技术作为支撑，运用"互联网+"的思维展开研究。广州大学公共管理学院院长陈潭教授具体阐发了大数据对于国家治理的意义。科技革命构成了国家治理的一个重要变量。大数据是一种资源、是一种资本、是一种产业，也是一种战略。在国家治理中，大数据能提升科学决策水平，提高公共服务效能，增强社会治理能力，拓展民主政治效应，维护国家主权安全。政府应该在人口、资源、环境等方面建立基础数据库，在教育、医疗、交通等领域建立专业数据库，在企业、医院、城市等社区建立应用数据库；通过实施国家大数据发展战略，在制度、人才、技术和管理方面开展科学的顶层设计。

华中科技大学国家治理研究院研究员、法学院副教授饶传平指出，技术发展有助于治理转型。聚焦于城市之中，为实现透明型政府、民主型政府、法治型政府、服务型政府等善治城市的指标，需要借助现代化手段提高政府公共服务。

（五）中国国家治理现代化的实践探索

华中科技大学国家治理研究院研究员、武汉大学公共管理学院唐皇凤教授认为，中国国家治理现代化的实践在执政党执政水平的提升，现代政府治理体系的建构，市场、社会与公民等内生力量的激活等方面进行了不懈的探索。中国国家治理现代化的实践具有一些基本特征：（1）以能力培植为目标取向；（2）以危机和问题的解决为驱动机制；（3）以政府主导和精英参与为组织模式；（4）采取非均衡的增量推进策略，增强治理体系的回应性。

（六）国家治理问题的研究方法论

湖北省委副秘书长、省委政策研究室主任、省全面深化改革办公室主任赵凌云在讲话中指出，智库机构在开展对"四个全面"战略布局、国家治理体系和治理能力现代化的研究过程中，要提升系统意识、问题意识、前瞻意识，形成一种参谋意识。

欧阳康指出，要用复杂性思维、复杂性视野来看当今世界、当今中国国家治理面临的复杂性问题。复杂性体现在：一是多元化背景中的善治目标；二是善治目标转化为评估体系并要得到价值多元的社会公众的认同；三是如何运用大数据等新技术来支撑我们的现代治理，从而推进治理体系与治理能力走向现代化。

三　社会治理的理论与实践问题

社会建设是"五位一体"建设的一个重要环节，社会治理是国家治理的重要组成部分。与会学者围绕社会治理从不同的角度进行了研讨。

（一）社会体制改革是现代社会治理的基础

国家发展和改革委员会社会发展研究所所长杨宜勇在报告中提出，现代社会治理可以矫正和修补政府失灵和市场失灵，现代社会治理必须建立在社会体制改革之上。社会体制改革要彻底改变过去30年中国重市场轻社会、大政府小社会、以政代社的布局。具体而言，社会体制改革应从以下几个方面着手：（1）建立党委领导，政府负责、社会协同、公众参与、法治保障的社会管理体制；（2）建立政府主导、覆盖城乡、可持续的基本服务体系；（3）加快政社分开，建设权责明确、依法自治的现代社会组织体制；（4）建立源头治理、动态管理、应急处置相结合的社会管理机制，特别要充分体现善治的思想；（5）加快社会治理方面的立法。

（二）社会资本是社会治理的"软实力"

中央党校党建研究部蔡霞教授指出，推动中国政治发展的和平转型需要培育社会资本。社会与国家的合作、民主的发展，都需要丰厚数量和良好质量的社会资本。社会资本是国家治理的"软实力"，不能压抑社会力量的生长，而要欢迎和扶持社会力量的生长。民间社会资本的增长是我国实现和平转型的根基，执政党要积极引导和培育良性的民间社会资本。

四 具体领域的专项治理对策

与会学者分别对许多具体领域的国家治理问题进行了深入的研究，提出了许多富有卓识的解决之道。

（一）环境治理

工业文明以来，公害和环境事件突出，给国家环境治理带来了巨大的挑战。国家环保局原副局长、中国可持续发展研究会名誉理事长、清华大学张坤民教授指出，以联合国4次环境与发展大会为标志，中国现代环境治理得到了很大的发展，环保管理部门成立并不断升级，环境治理法律制度得以建立和不断完善，环保理念不断深化和凸显。但是由于处于初级发展阶段人们的环保意识弱、利益博弈、立法深度不够、执法强度不够、环境标准欠缺等原因，我国虽然力求避免，但还是走了"先污染后治理"的老路。张教授结合他的实践经历和思考提出了改善环境治理的几个认识：（1）环境责任一定要明晰；（2）环境保护要以教育为本；（3）立法要放开公众参与；（4）为推动绿色低碳的环保理念而加快立法。

（二）献策"一带一路"战略

华中科技大学国家治理研究院研究员、中国工程院院士、华中科技大学电气学院潘垣教授作了题为"我国可持续发展战略面临的挑战与对策"的报告，提出通过科学的西部大开发与"一带一路"战略统一起来，通过科技创新来驱动"一带一路"战略实施，从而拓展国家的战略纵深，应对美国的亚洲再平衡战略。为此，潘教授提出开发三项新技术工程：（1）通过创新科技开展"天河工程"，把大气中的水分转变成水资源，可以实现西部的水资源安全，确保丝绸之路的畅通；（2）实施"绿电计划"，充分利用青藏高原清洁的高质量太阳能，实现能源的绿色环保和可持续化；（3）研发油气的成倍增产技术，提升油气资源开发质量。这些技术都可以在"一带一路"经过的中亚国家推广，以助推沿线各国经济繁荣。

（三）道德治理

龙静云在发言中指出，传统道德治理是古代君主治理国家的主导方式，具体表现为"礼治"与"德治"，在实践中发挥了促进国家治理和人际关系和谐，以及中华民族的文化传承与社会发展进步的重大作用。现代道德治理应当是国家治理的题中应有之义，是国家治理主体运用的众多治理手段和方式之一。道德治理过程中要重点把握正利益与正观念、正法制与正人心、正官德与正民风三者之间的关系。

（四）非传统安全的国家治理

华中科技大学公共管理学院副教授吴淼认为，非传统安全具有范围上的跨区域性、形态上的流动性、性质上的混合性、发生机制上的累积性和表现方式上的隐蔽性等特性，明显区别于传统安全和传统国家职能对象，对现代国家治理形成了严峻的挑战。应当从以下几个方面展开非传统安全的治理：（1）把治理非传统安全作为国家新职能纳入我国治理体系的顶层设计中；（2）建立非传统安全合作、协调治理机制和职能部门协作机制；（3）建立授权、弹性和网络化的运行机制；（4）吸纳社会力量参与治理；（5）不断强化国家治理的规范化、法治化和制度化，从整体上提高国家治理能力的现代化。

（五）底层抗争动员的治理

重庆大学新闻学院院长助理郭小安教授通过分析"乌坎事件"指出，理性—情感—理性的动员脉络可能成为未来底层抗争动员的常态。因而对于底层抗争动员的治理，应当通过理性对话、沟通协商等方式开展，去政治化、去敏感性，将抗争者引导至理性维权的轨道。

（六）通过政务微信的城市治理

饶传平以"武汉交警"为例介绍了政府基于"政务微信"这一新技术而进行的治理实践，并指出其存在的问题：市民对政务微信知晓度不高，一些政务微信定位混乱，政务微信的交流作用不明显，山寨政务微信有可乘之机等。为此，他提出微信时代提升治理能力可以有以下对策：

（1）创建稳定的治理环境；（2）发挥治理主体的积极作用；（3）转变城市治理理念、创新政府治理机制；（4）加强地方政府部门积极与第三方平台（手机 APP）合作。

五　地方治理的研究

地方治理是本次论坛的重要议题。地方治理包含了省、地市、县、乡镇等多个层级的治理，也包含了地方各个领域的治理，有广阔的研究空间。与会学者各就其所关注的地方治理问题展开了研讨。

（一）省域治理

欧阳康对于省级治理做出了定位：省域治理是国家治理体系的内在有机组成部分，各省域又具有相对独立性，省级人大和政府具有相应的立法权和政策空间。省域治理不仅是贯彻国家治理的意图、理念和政策，也为国家治理提供了可供参考的个案，丰富了国家治理。

欧阳康认为中国的省域治理包括直辖市治理、民族区域自治区治理、各省治理、香港与澳门特区治理、台湾地区治理等多个复杂的治理单位和类型。接着，欧阳康教授指出了省域治理面临的复杂问题：（1）如何创造性地执行中央和国家治理的总体布局与价值规范的问题，涉及中央和国家与省以及省级职能部门之间利益的分割、权力的分配以及人员的素养等问题；（2）如何发挥好相对独立的立法权和政策空间实现良法和善治的问题；（3）如何解决省级体制内横向权力结构合理化的问题；（4）省域内五层次结构如何科学设置的问题；（5）地区空间如何布局实现优化发展的问题。

（二）城市治理

现代城市治理的重要性日益凸显。城市治理是地方治理的主要内容，也是国家治理的重要组成部分。没有城市治理的现代化，就没有国家治理的现代化。中央编译局当代马克思主义研究所所长何增科教授给城市治理（urban governance）下了一个定义：城市治理是指城市的政府、城市的居民、各种经济组织等各种利益相关方通过开放参与、平等协商、分工协作的方式达成城市公共事务的决策，以实现城市公共利益的最大化。透明、参与、法治、效益、责任、公平、廉洁、和谐这些善治的基本价值应该贯穿于城市建设和城市管理的全过程，体现在城市的决策、实施、评估、调整等各个环节。城市治理的目标是实现"城市，让生活更美好"的愿景。

（三）被调整乡镇的治理

华南师范大学政法学院刘志鹏副教授认为乡镇撤并产生了一系列新问题，使被调整乡镇的地方治理面临一定困境：（1）居民对新乡镇认同度低下，居民之间出现歧视、排斥现象；（2）居民利益受损，各种建设开发项目和资金流失；（3）经济建设此强彼弱，基础设施建设不均衡；（4）公共服务功能弱化；（5）治理范围扩大、难度增加。被调整乡镇应积极进行地方治理方式的变革和乡镇社会管理的创新，通过增强居民认同、加强基础设施建设、强化公共服务等策略选择来实现乡镇基层治理走向"善治"。

（四）地方治理中的权力真空问题

华南理工大学法学院徐清飞副教授指出，在中央下放权力与地方自主行使权力、社会组织参与地方治理之间，在法律没有予以明确保障与地方、社会组织存在治理缺陷的情况下，地方治理中的权力缺乏相应的责任机制予以约束，致使出现权力真空的问题。一方面，通过立法明确地方治理中各方主体的权力与职责，对地方治理进行事前控制，在此基础上通过规范公众参与、完善市场和社会组织的运行来约束地方治理中的动态权力行使；另一方面，引入司法进行事后监督与权利救济，以矫正地方治理中法律规定与权力行使实践之间的不一致。

（五）地方治理中的协商民主问题

华中科技大学国家治理研究院研究员李翔认为，地方分权治理对协商民主提出了挑战：（1）参与赋权不充分；（2）地方分权会强化现有权力的不平等；（3）地方治理中协商空间、视野的局限性。但是这并不意味着协商民主不可能促进地方治理，可以通过"元治理"保障参与主体的平等化、行政权力下放与赋权参与相结合、鼓励协商向上扩展等途径实现地方治理中协商民主的发展。

华中科技大学国家治理研究院研究员、社会学系吴毅教授认为，西方学界与中国学界虽然都在讨论协商民主理论，但语境、功能却不一样。前者试图以协商民主弥补选举政治的不足，把公民社会的力量吸纳进政治过程；而中国是另外一种权力体制，希望引入协商民主以增强政权合法性。

六　国家治理的"湖北落实"

欧阳康指出，湖北发展的最大特点和优势是"历时态矛盾、共时态汇聚"，汇聚了西方发达国家发展的 300 年、20 世纪的 100 年、社会主义国家发展的 50 多年以及东亚"四小龙"国家发展的 30 多年的历史经验与教训，湖北享有自主创新示范区、东北振兴政策、西部大开发政策、中部崛起政策等，如何利用好这些政策，是治理湖北面临的机遇与挑战。对于武汉"1+8"城市圈的建设，欧阳康认为不仅需要武汉市全力打造，更需要省委、省政府领导协调推进。

潘垣呼吁湖北重视神农架林区，通过研究相关的立法、利益引导等措施，停止不合理开发，防止对神农架原始生态的破坏，努力研究一条生态文明建设的典范式发展道路，实现对神农架的良好治理。

七　关于治理评估的研究

对治理进行评估是国家治理的一个重要环节，包括对国家治理、省域治理、城市治理以及具体治理行为的评估。与会学者就针对不同治理单位或治理行为提出的评估体系和机制进行了深入的研讨。

（一）善治城市的评估

何增科设计了一个评估善治城市的理论性指标体系，包括三个层级：第一级指标是城市善治指数；第二级指标包含四个评价维度，即民主治理的过程、城市政府的质量、城市治理的绩效和公共满意度评价；在第二级指标之下分别对应的第三级指标是，参与、透明、合规，效益、公平、责任、廉能，自由、安全、福祉、繁荣，民众的满意度。善治城市的标准可能区分为客观指标和主观指标，二者可能是一个相互印证的关系，也可能主观指标对客观指标是一种修正的关系。

(二) 地方政府规章立法后评估机制

华中科技大学国家治理研究院研究员齐海滨教授和西北政法大学安子明副教授认为，地方政府规章是国家立法体系中数量最多的，涵盖了社会各个领域，其质量直接关系到地方政府治理的质量。地方政府规章立法后评估机制是一种评估地方政府规章的质量的机制。他们从实施时间、评估原则、评估对象、评估标准、评估效力、法律责任的设置等方面分析了八个地市政府规章立法后评估机制的现状，发现四个问题：评估机制运行效率低下，调研样本代表性差，行政公开履行职责不到位，以集中清理替代立法后评估的现象较为普遍。

欧阳康院长在闭幕致辞中肯定了本次论坛研讨的成果，指出本次论坛所涉及的范围很广泛：从国际的到国内的，从意识的到现实的，从理念的到政策的，从方法的到技术的；或立足于调研，或立足于专业，或立足于实践，也包括立足于当代中国的问题，各位学者的研究反映了时代紧迫的需要。论坛虽然结束了，但是各位学者的研究和思考不会停止。

欧阳康教授闭幕式致辞

本次论坛，有 25 人次左右的老师发言、提问。因为时间关系，遗憾的是并没有展开讨论。涉及面非常广：从国际的到国内的，从意识的到现实的，从理念的到政策的，然后到技术的。我们学者研究反映了时代紧迫的需要，或立足于调研，或立足于专业，或立足于实践，也包括立足于当代中国的问题。

在这里谈一下复杂性视野中的国家治理话题。要用复杂性思维、复杂性视野来看当今世界、当今中国的复杂性问题。认识社会，需要认识社会的复杂性问题；改变社会，需要解决社会的复杂性问题。对于研究方向，对于向哪个方向努力，深感要有一种自觉。国家治理是极为复杂的对象，以我们有限的个人智慧、团队智慧、专业智慧来应对这种复杂性问题。从以下四个方面，谈论这个复杂性问题。

一是多元化背景中的善治目标。说善治容易，但大家公认的善治很难。当今社会发展，是变得越来越复杂，还是越来越简单，这涉及我们对人类进程的一个基本的估计，我觉得社会越来越复杂。尤其从自然生命到社会生命，到思维，再加上价值非中立性之后，复杂性随着人类社会的发展变得越来越多样化。

二是善治目标转化为评估体系。这也是社会复杂性中的多元评估体系如何为社会大众所接受、所认同的问题。我们将治理评估指标体系作为我们最重要也是最难的问题来做，现在评估体系有很多，能不能达到一个统一的公认的体系，有待时间的验证。价值多元有深刻的中国和国际背景。评估体系如何建立起来，既有社会普遍的善，又能印映社会中具体特殊的善，评估体系的问题是个重要的问题。

三是如何运用大数据来真正支撑我们的现代治理，推进治理体系与治理能力走向现代化。这不是几个专业的人组成一个团队就能实现的整合，而是知识结构内在的超越性。现代科学技术，给予我们便利；将大数据运用于国家治理、省域治理、城市治理，包括乡村治理，给予我们支撑是我们良好的愿望。

四是绿色 GDP 问题，善治中一定有量化的指标。迄今为止，衡量世界经济发展的仍然是 GDP，我们不要纯 GDP 主义，绝不是不要 GDP。如何在 GDP 指标体系中实现合理化、科学化，是我们研究的重点。时间在运行，中国在发展，需要一个好的价值取向来及时调试中国社会发展的进程。复杂性还是个过程，一切有可能变好，一切也有可能变坏。在这样的背景下，价值取向对人的实践产生重要的引领作用。

总之，论坛总会结束，但我们的思考不会停止，希望可以将我们的理论系统化。学术探讨中形成的友谊会成为将来我们合作的坚实基础，希望我们的友谊能够地久天长。